APPRENDRE PYTHON

UN COURS ACCÉLÉRÉ SUR LA PROGRAMMATION PYTHON ET COMMENT COMMENCER À L'UTILISER POUR CODER. APPRENEZ LES BASES DE MACHINE LEARNING ET DE L'ANALYSE DE DONNÉES

Par Damon Parker

APPRENDRE PYTHON

UN COURSACCÉLÉRÉ SUR LA PROGRAMMATION PYTHON ET COMMENT COMMENCER À L'UTILISER POUR CODER. APPRENEZ LES BASES DE MACHINE LEARNING ET DE L'ANALYSE DE DONNÉES

Par Damon Parker

© 2023 Damon Parker
Édition : BoD – Books on Demand, info@bod.fr
Impression : BoD – Books on Demand, In de Tarpen 42, Norderstedt
(Allemagne)

Impression à la demande

ISBN : 978-2-3224-7305-2
Dépôt légal : Août 2023

Index

Introduction 9
Chapitre 1 : Introduction à Python 13
    Instructions d'installation pour Python 19
        WINDOWS 19
        MACINTOSH 21
        LINUX 23
    Variables Python 29
    Types de données Python 32
    Fonctions intégrées de Python 40
    Méthodes Python intégrées pour les Strings de caractères 46
    Nombres aléatoires en Python 52
    Méthodes de liste intégrées à Python 56
    Méthodes Set intégrées à Python 58
    Méthodes de dictionnaire intégrées à Python 61
    Méthodes de fichiers intégrées à Python 62
    Mots clés Python 64
Chapitre 2 : Codage en Python 69
    Nombres Python 69
    Strings de caractères Python 76
    Booleans Python 88
    Tuples Python 104
    Jeux de Python 113
    Dictionnaire Python 122
    Conditions Python et instruction "If" 138
    Loop "While" de Python 150
    Loop "For" de Python 157
Chapitre 3 : Analyse de données et Machine learning avec Python .. 171
    Les "V" du Big data 171

Histoire du Big Data 173
Machine learning 189
Concepts de base de machine learning 196
Machine learning en pratique 202
Bibliothèques machine learning 204
    NumPy (ensemble de tableaux n-dimensionnels de base) ... 207
    Matplotlib (tracé complet en 2D/3D) 208
    SciPy (bibliothèque fondamentale pour le calcul scientifique). 209
    IPython (console interactive améliorée) 210
    SymPy (mathématiques symboliques) 211
    Pandas (Structures de données et analyse) 212
    Seaborn (visualisation de données) 212
Application de machine learning à l'aide de Bibliothèque Scikit-Learn 214
    Importation de l'ensemble des données 215
    Exploration des données 218
    Visualisation des données 220
    Prétraitement des données 223
    Création de sous-ensembles de formation et de test 226
    Construire le modèle machine learning 230
Conseils et astuces Python pour les développeurs 233
Conclusion 245

Introduction

Félicitations pour l'achat de « *Apprendre Python : Un cours accéléré sur la programmation Python et comment commencer à l'utiliser pour coder. Apprenez les bases de machine learning et de l'analyse de données* ». Nous vous remercions pour votre choix.

Les chapitres suivants abordent les concepts fondamentaux du codage Python pour vous aider à démarrer votre parcours de codage. Vous apprendrez également les principes fondamentaux de l'analyse des données et de la technologie de machine learning. Vous commencerez ce livre par les principales caractéristiques et avantages de l'apprentissage du codage Python, ainsi que par l'histoire de sa création. Dans le premier chapitre de ce livre, vous trouverez des instructions sur la façon d'installer Python sur vos systèmes d'exploitation (Windows, Mac et Linux). Le concept des types de données Python est présenté dans les moindres détails avec divers exemples pour chacun. En Python, les variables sont au cœur de chaque syntaxe. Vous apprendrez à créer ces variables et à leur attribuer le type de données souhaité. Ce chapitre comprend également des listes exhaustives d'une variété de fonctions et de méthodes intégrées prises en charge par Python.

Le chapitre 2 de ce livre intitulé *"Python Coding"* vous présentera les concepts de base de l'écriture de codes Python efficaces et efficients, en se concentrant sur divers éléments de programmation tels que les Booleans, les tuples, les ensembles, les dictionnaires et bien plus encore. Chaque concept est expliqué avec une syntaxe standard, des exemples pertinents, et suivi d'exercices pour vous aider à tester et à vérifier votre compréhension de tous les concepts. Vous apprendrez également à écrire des instructions "if" et "else" pour extraire les informations souhaitées de vos données. Le concept des Loop "for" et "while" est expliqué avec des détails explicites dans un langage facile à comprendre.

Dans le chapitre 3 intitulé *" Data Analysis et Machine Learning avec Python "*, vous apprendrez les bases de l'analyse des big data et les algorithmes fondamentaux de machine learning. Ce chapitre comprend également un bref aperçu de diverses bibliothèques machine learning réputées telles que Scikit-Learn, NumPy, Matplotlib, SymPy et Pandas, entre autres. Vous y trouverez également une démonstration détaillée d'une base de données open-source à l'aide d'illustrations et de codes Python réels que vous pouvez essayer en suivant les instructions de ce livre. Un certain nombre de conseils et d'astuces de codage Python ont aussi été fournis, ils vous aideront à approfondir vos compétences en programmation Python ou à vous familiariser avec le codage si vous êtes novice en matière de codage Python.

Il existe de nombreux ouvrages sur ce sujet sur le marché, merci encore d'avoir choisi celui-ci ! Nous nous sommes efforcés de faire en sorte qu'il contienne le plus d'informations utiles possible.

Chapitre 1 : Introduction à Python

Python est un langage de programmation de haut niveau, couramment utilisé à des fins générales. Il a été développé à l'origine par Guido van Rossum au "Center Wiskunde & Informatica (CWI), Pays-Bas," dans les années 1980 et introduit par la "Python Software Foundation" en 1991. Il a été conçu principalement pour mettre l'accent sur la lisibilité du code de programmation, et sa syntaxe permet aux programmeurs de transmettre des idées en utilisant moins de lignes de code. Le langage de programmation Python augmente la vitesse de fonctionnement tout en permettant une plus grande efficacité dans la création d'intégrations de systèmes. Les développeurs utilisent Python pour "le développement web (côté serveur), le développement de logiciels, les mathématiques, les scripts système".

Avec l'introduction de diverses améliorations telles que la "compréhension des listes" et un "système de ramassage des ordures", qui peut collecter les cycles de référence, Python 2.0 a été lancé au cours du dernier trimestre de 2000. Par la suite, en 2008, Python 3.0 a été publié en tant que mise à jour majeure avec une compatibilité ascendante permettant au code Python 2.0 d'être exécuté sur Python 3.0 sans nécessiter de modifications. Python est soutenu par une communauté de programmeurs qui développent et maintiennent continuellement le "CPython", une implémentation de référence open-source. La "Python Software Foundation" est une organisation à but non lucratif qui est responsable de la gestion et de l'orientation des ressources pour le développement de la programmation Python ainsi que de "CPython".

Voici quelques-unes des principales caractéristiques de Python qui en font le langage de prédilection des débutants en codage comme des programmeurs avancés :

1. **Lisibilité** : Python ressemble beaucoup à la langue anglaise, ce qui contribue à sa facilité de lecture.
2. **Facilité d'apprentissage** : Python est un langage de programmation de haut niveau et est considéré comme facile à apprendre en raison de sa capacité à coder en

utilisant des expressions semblables à celles de la langue anglaise, ce qui implique qu'il est facile de comprendre et donc d'apprendre le langage.
3. **Systèmes d'exploitation** : Python est facilement accessible et peut être utilisé sur différents systèmes d'exploitation, notamment Linux, Unix, Mac et Windows. Cela fait de Python un langage polyvalent et multiplateforme.
4. **Source ouverte** : Python est "open source", ce qui signifie que la communauté des développeurs peut apporter des mises à jour au code, qui sont toujours disponibles pour tous ceux qui utilisent Python pour leurs besoins de programmation de logiciels.
5. **Bibliothèques de données standardisées** : Python dispose d'une grande bibliothèque de données standard avec une variété de codes et de fonctionnalités utiles qui peuvent être utilisés lors de l'écriture de code Python pour l'analyse de données et le développement de modèles machine learning. (Des détails sur les bibliothèques machine learning seront fournis plus loin dans ce chapitre).
6. **Gratuit** : Compte tenu de l'étendue de l'application et de l'utilisation de Python, il est difficile de croire qu'il continue

d'être disponible gratuitement pour téléchargement et utilisation faciles. Cela signifie que toute personne souhaitant apprendre à utiliser Python peut simplement le télécharger et l'utiliser pour ses applications de manière totalement gratuite. Python est en effet un exemple parfait de "FLOSS (Free/Libre Open Source Software)", ce qui signifie que l'on peut "distribuer librement des copies de ce logiciel, lire son code source et le modifier".

7. **Prise en charge de la gestion des exceptions** : Une "exception" peut être définie comme "un événement qui peut se produire au cours d'une exception de programme et qui peut perturber le déroulement normal du programme". Python est capable de gérer ces "exceptions", ce qui signifie que vous pouvez écrire moins de codes sujets aux erreurs et tester votre code avec une variété de cas, qui pourraient potentiellement conduire à une "exception" dans le futur.

8. **Fonctionnalités avancées** : Python peut également prendre en charge les "générateurs et les compréhensions de listes".

9. **Gouvernance du stockage** : Python est aussi capable de prendre en charge la "gestion automatique de la mémoire", ce qui implique que la mémoire de stockage sera vidée et

rendue disponible automatiquement. Il n'est pas nécessaire d'effacer et de libérer la mémoire du système.

Applications :

1. Conception de sites web - Certains des cadres web les plus utilisés, tels que "Django" et "Flask", ont été développés à l'aide de Python. Ces cadres aident le développeur à écrire des codes côté serveur qui permettent la gestion de la base de données, la génération de la logique de programmation du backend, le mappage des URL, entre autres. Machine learning - De nombreux modèles machine learning ont été écrits exclusivement en Python. Machine learning est un moyen pour les machines d'écrire en toute logique afin d'apprendre et de résoudre un problème spécifique par elles-mêmes. Par exemple, les algorithmes machine learning basés sur Python sont utilisés dans le développement de "systèmes de recommandation de produits" pour les entreprises de commerce électronique telles qu'Amazon, Netflix, YouTube et bien d'autres. D'autres exemples de modèles machine learning basés sur

Python sont les technologies de reconnaissance faciale et vocale disponibles sur nos appareils mobiles.

2. Analyse des données - Python peut également être utilisé pour le développement d'outils et de techniques de visualisation et d'analyse des données, tels que les diagrammes de dispersion et autres représentations graphiques des données.

3. "Scripting" - Il peut être défini comme le processus de génération de programmes simples pour l'automatisation de tâches simples telles que celles requises pour envoyer des réponses automatisées aux courriels et messages écrits. Vous pouvez développer ce type de logiciel en utilisant le langage de programmation Python.

4. Industrie du jeu - Une grande variété de programmes de jeu a été développée à l'aide de Python.

5. Python permet également de développer des "applications embarquées".

6. Applications de bureau - Vous pouvez utiliser des bibliothèques de données telles que "TKinter" ou "QT" pour créer des applications de bureau basées sur Python.

Instructions d'installation pour Python

Vous pouvez suivre les instructions pas à pas pour télécharger et installer Python sur différents systèmes d'exploitation. Il vous suffit de passer à la section correspondant au système d'exploitation sur lequel vous travaillez. La dernière version de Python publiée au milieu de l'année 2019 est Python 3.8.0. Assurez-vous de télécharger et d'installer la version la plus récente et la plus stable de Python et de suivre les instructions des pages suivantes.

WINDOWS

1. Depuis le site officiel de Python, cliquez sur l'icône "Téléchargements" et sélectionnez Windows.
2. Cliquez sur le bouton "Télécharger Python 3.8.0" pour afficher tous les fichiers téléchargeables.
3. Vous accéderez à un autre écran où vous pourrez sélectionner la version de Python que vous souhaitez télécharger. Dans ce livre, nous utiliserons la version 3 de Python sous "Stable Releases". Faites donc défiler la page et cliquez sur le lien "Download Windows x86-64 executable installer" comme indiqué dans l'image ci-dessous.

- Python 3.8.0 - Oct. 14, 2019
  Note that Python 3.8.0 *cannot* be used on Windows XP or earlier.
  - Download Windows help file
  - Download Windows x86-64 embeddable zip file
  - Download Windows x86-64 executable installer
  - Download Windows x86-64 web-based installer
  - Download Windows x86 embeddable zip file
  - Download Windows x86 executable installer
  - Download Windows x86 web-based installer

4. Une fenêtre pop-up intitulée "python-3.8.0-amd64.exe" s'affiche.

5. Cliquez sur le bouton "Enregistrer le fichier" pour lancer le téléchargement du fichier.

6. Une fois le téléchargement terminé, double-cliquez sur l'icône du fichier sauvegardé et une fenêtre contextuelle "Python 3.8.0 (64-bit) Setup" s'affichera.

7. Veillez à cocher les cases "Installer le lanceur pour tous les utilisateurs (recommandé)" et "Ajouter Python 3.8 au PATH". Note - Si une version plus ancienne de Python est déjà installée sur votre système, le bouton "Mettre à jour maintenant" apparaîtra à la place du bouton "Installer maintenant", et aucune des cases à cocher ne sera affichée.

8. Cliquez sur le bouton "Installer maintenant" et une fenêtre contextuelle "Contrôle de compte d'utilisateur" s'affiche.
9. Une notification indiquant "Voulez-vous autoriser cette application à apporter des modifications à votre appareil" s'affiche, cliquez sur Oui.
10. Une nouvelle fenêtre intitulée "Python 3.8.0 (64-bit) Setup" s'affiche avec une barre de progression.
11. Une fois l'installation terminée, un message "Set was successful" s'affiche. Cliquez sur le bouton Fermer, et vous êtes prêt.
12. Pour vérifier l'installation, naviguez jusqu'au répertoire où vous avez installé Python et double-cliquez sur le fichier python.exe.

MACINTOSH

1. Depuis le site officiel de Python, cliquez sur l'icône "Téléchargements" et sélectionnez Mac.
2. Cliquez sur le bouton "Télécharger Python 3.8.0" pour afficher tous les fichiers téléchargeables.
3. Vous accéderez à un autre écran où vous pourrez sélectionner la version de Python que vous souhaitez

télécharger. Dans ce livre, nous utiliserons la version 3 de Python sous "Stable Releases". Faites donc défiler la page et cliquez sur le lien "Download macOS 64-bit installer" sous Python 3.8.0, comme le montre l'image ci-dessous.

- Python 3.7.5 - Oct. 15, 2019
    - Download macOS 64-bit/32-bit installer
    - Download macOS 64-bit installer
- Python 3.8.0 - Oct. 14, 2019
    - Download macOS 64-bit installer
- Python 3.7.4 - July 8, 2019
    - Download macOS 64-bit/32-bit installer
    - Download macOS 64-bit installer
- Python 3.6.9 - July 2, 2019

4. Une fenêtre pop-up intitulée "python-3.8.0-macosx10.9.pkg" s'affiche.
5. Cliquez sur le bouton "Enregistrer le fichier" pour lancer le téléchargement du fichier.
6. Une fois le téléchargement terminé, double-cliquez sur l'icône du fichier sauvegardé, et une fenêtre contextuelle "Installer Python" s'affichera.

7. Cliquez sur le bouton "Continue" pour poursuivre, et une fenêtre contextuelle de conditions générales s'affichera.
8. Cliquez sur Accepter, puis sur le bouton "Installer".
9. Une notification demandant l'autorisation et le mot de passe de l'administrateur s'affiche. Saisissez simplement le mot de passe de votre système pour commencer l'installation.
10. Une fois l'installation terminée, un message "L'installation a réussi" s'affiche. Cliquez sur le bouton Fermer, et vous êtes prêt.
11. Pour vérifier l'installation, naviguez jusqu'au répertoire où vous avez installé Python et double-cliquez sur l'icône du lanceur Python qui vous amènera au terminal Python.

LINUX

- **Pour Red Hat, CentOS ou Fedora**, installez les paquets python3 et python3-devel.
- **Pour Debian ou Ubuntu**, installez les paquets python3.x et python3.x-dev.
- **Pour Gentoo**, installez l'ebuild '=python-3.x*' (vous devrez peut-être le démasquer d'abord).

1. Sur le site officiel de Python, cliquez sur l'icône "Downloads" et sélectionnez Linux/UNIX.
2. Cliquez sur le bouton "Télécharger Python 3.8.0" pour afficher tous les fichiers téléchargeables.
3. Vous accéderez à un autre écran où vous pourrez sélectionner la version de Python que vous souhaitez télécharger. Dans ce livre, nous utiliserons la version 3 de Python sous "Stable Releases". Faites donc défiler la page et cliquez sur le lien "Download Gzipped source tarball" sous Python 3.8.0, comme le montre l'image ci-dessous.

- Download Gzipped source tarball
- Download XZ compressed source tarball
- Python 3.8.0 - Oct. 14, 2019
    - Download Gzipped source tarball
    - Download XZ compressed source tarball
- Python 3.7.4 - July 8, 2019
    - Download Gzipped source tarball
    - Download XZ compressed source tarball

4. Une fenêtre pop-up intitulée "python-3.7.5.tgz" s'affiche.

5. Cliquez sur le bouton "Enregistrer le fichier" pour lancer le téléchargement du fichier.
6. Une fois le téléchargement terminé, double-cliquez sur l'icône du fichier sauvegardé, et une fenêtre contextuelle "Installer Python" s'affichera.
7. Suivez les instructions qui s'affichent à l'écran pour terminer la procédure d'installation.

Pour commencer

Maintenant que le terminal Python est installé sur votre ordinateur, nous allons voir comment vous pouvez commencer à écrire et à exécuter le code Python. Tous les codes Python sont écrits dans un éditeur de texte sous forme de fichiers (.py), qui sont ensuite exécutés par l'interpréteur Python sur la ligne de commande, comme le montre le code ci-dessous, où "smallworld.py" est le nom du fichier Python :

"C : \Users\Votre name\python smallworld.py"

Vous pouvez tester un petit code sans l'écrire dans un fichier et en l'exécutant simplement en ligne de commande en tapant le code ci-dessous sur la ligne de commande Mac, Windows ou Linux, comme indiqué ci-dessous :

"C : \Users\Votre name\python"

Si la commande ci-dessus ne fonctionne pas, vous pouvez utiliser le code ci-dessous à la place

"C : \Users\Votre name\py"

Indentation - Pour comprendre la structure de codage de Python, vous devez d'abord comprendre la signification de l'indentation ou le nombre d'espaces avant de commencer à taper le code. Contrairement à d'autres langages de codage où l'"indentation" est ajoutée pour améliorer la lisibilité du code, en Python, elle est utilisée pour indiquer un ensemble de code. Par exemple, regardez le code ci-dessous

Si 6 > 3 :

    print ('Six est supérieur à 3')

Il y a une indentation avant la deuxième ligne de code avec la commande print. Si vous ne tenez pas compte de l'indentation et que vous écrivez le code comme ci-dessous, vous recevrez une erreur:

Si 6 > 3 :

print ('Six est supérieur à 3')

Le nombre d'espaces peut être modifié, mais il doit être au moins à simple interligne. Par exemple, vous pouvez exécuter le code ci-dessous avec une indentation plus élevée, mais pour un ensemble spécifique de code, le même nombre d'espaces doit être utilisé, sinon vous recevrez une erreur.

Si 6 > 3 :

        print ('Six est supérieur à 3')

Ajouter des commentaires - En Python, vous pouvez ajouter des commentaires au code en commençant les lignes de commentaires du code par un "#", comme le montre l'exemple ci-dessous:

#Add ici tout commentaire pertinent

print ('Small world)

Les commentaires sont également utilisés comme une description du code et ne sont pas exécutés par le terminal Python. Il est important de se rappeler que si vous mettez un commentaire à la fin d'un code, la ligne de code entière sera ignorée par le terminal Python, comme le montre le code ci-dessous. Les commentaires sont extrêmement utiles au cas où vous auriez besoin d'arrêter l'exécution lorsque vous testez le code.

print ('Small World') #Add des commentaires ici

Vous pouvez également ajouter plusieurs lignes de commentaires en commençant chaque ligne de code par "#", comme indiqué ci-dessous :

#Add un commentaire ici
 # Supplement le commentaire ici
 # Further le commentaire ici
print ("Small World")

Variables Python

En Python, les variables sont utilisées pour stocker des valeurs de données sans exécuter de commande. Vous pouvez créer une variable en lui attribuant simplement la valeur souhaitée, comme le montre l'exemple ci-dessous :

A = 100
B = "Patrick
print (A)
print (B)

Une variable peut être déclarée sans type de données spécifique. Le type de données d'une variable peut également être modifié après sa déclaration initiale, comme le montre l'exemple ci-dessous :

A = 100 # A a pour type de données int
A = 'Nick' # A a maintenant le type de données str
print (A)

Certaines règles s'appliquent aux noms des variables Python :

1. Les noms des variables peuvent être courts (un seul alphabet) ou plus descriptifs (taille, poids, etc.).
2. Les noms de variables ne peuvent commencer que par un trait de soulignement ou une lettre.
3. Les noms de variables ne doivent pas commencer par des nombres.
4. Les noms de variables peuvent contenir des traits de soulignement ou des caractères alphanumériques. Aucun autre caractère spécial n'est autorisé.
5. Les noms de variables sont sensibles aux majuscules. Par exemple, "height", "Height" et "HEIGHT" seront comptabilisés comme 3 variables distinctes.

Attribution d'une valeur aux variables

En Python, plusieurs variables peuvent se voir attribuer des valeurs DISTINCTES dans une seule ligne de code, comme le montre l'exemple ci-dessous :

A, B, C = "violet", "rouge", "bleu".
print (A)
print (B)

print (C)

OU plusieurs variables peuvent se voir attribuer la MÊME valeur dans une seule ligne de code, comme le montre l'exemple ci-dessous :

A, B, C = "violet".
print (A)
print (B)
print (C)

Types de données Python

Pour mieux comprendre le concept de variables, examinons d'abord les types de données Python. Python prend en charge une grande variété de types de données, comme indiqué ci-dessous :

Catégorie	Type de données	Exemple de syntaxe
Text	*"str"*	'Small World' "Small World" """Small World"""
Boolean	*"bool"*	'True' 'False'
Mapping (mixed data types, associative array of key and value pairs)	*"dict"*	'{'key9' : 9.0, 6 : True}'
Sequence	*"list"*	'[9.0, 'character', True]'

(may contain mixed data types)	*"tuple"*	'[9.0, 'character', True]'
	"range"	'range (10, 50)' 'range (100, 50, 10, -10, -50, -100)'
Binary	*"bytes"*	b 'byte sequence' b 'byte sequence' bytes ([120, 90, 75, 100])
	"bytearray"	bytearray (b 'byte sequence') bytearray (b 'byte sequence') bytearray ([120, 90, 75, 100])
	"memoryview"	
Set	*"set"*	'[9.0, 'character', True]'

(unordered, no duplicates, mixed data types)	*"frozenset"*	'frozenset ([9.0, 'character', True])'
Numeric Numeric	*"int"*	'54'
	"float"	'18e9'
	"complex"	'18 + 3.1j'
Ellipsis (index in NumPy arrays)	*"ellipsis"*	'...' 'Ellipsis'

Pour afficher le type de données d'un objet, vous pouvez utiliser la fonction *"type ()"*, comme le montre l'exemple ci-dessous :

A = "Pourpre".
print (type (A))

Affectation du type de données aux variables

Comme indiqué précédemment, vous pouvez créer une nouvelle variable en déclarant simplement une valeur pour celle-ci. Cette valeur de données définie attribue à son tour le type de données à la variable.

Pour affecter un type de données spécifique à une variable, il est possible d'utiliser les fonctions de construction énumérées ci-dessous :

Fonctions de construction	Type de données
A = str ('Small World)'	str
A = int (99)	Int (Doit être un nombre entier, positif ou négatif, sans décimales, sans restriction de longueur)
A = float (15e6)	Float (Floating point number must be a positive or negative number with one or more decimals; maybe scientific number an 'e' to

	specify an exponential power of 10)
A = complex (99j)	Complex (Doit être écrit avec un "j" comme caractère imaginaire)
A = list (('blue', 'red', 'green'))	list
A = range (1, 100)	range
A = tuple (('blue', 'red', 'green'))	tuple
A = set (('blue', 'red', 'green'))	set
A = frozenset (('blue', 'green', 'red'))	frozenset
A = dict ('color' : 'red', 'year' : 1999)	dict
A = bool (False)	bool
A = bytes (54)	bytes
A = bytearray (8)	bytearray
A = memoryview (bytes (55))	memoryview

EXERCICE - Pour consolider votre compréhension des types de données. Regardez la première colonne du tableau ci-dessous et écrivez le type de données pour cette variable. Une fois que vous avez toutes vos réponses, regardez la deuxième colonne et vérifiez vos réponses.

Variable	Type de données
Variable	Data Type
A = 'Small World'	str
A = 99	int
A = 29e2	float
A = 99j	complex
A = ['blue', 'red', 'green']	list
A = range (1, 100)	range
A = ('blue', 'red', 'green')	tuple
A = {'blue', 'red', 'green'}	set
A = frozenset ({ 'blue', 'green', 'red'})	frozenset
A = ['color' : 'red', 'year' : 1999}	dict
A = False	bool
A = b 'Welcome'	bytes
A = bytearray (8)	bytearray

A = memoryview (bytes (55))	memoryview

Variables de OUTPUT

Pour récupérer des variables en OUTPUT, les instructions "print" sont utilisées en Python. Vous pouvez utiliser le caractère "+" pour combiner du texte avec une variable pour la OUTPUT finale, comme le montre l'exemple ci-dessous :

A = "rouge"
print ('Les pommes sont' + A)'

OUTPUT - "Les pommes sont rouges".

Une variable peut également être combinée avec une autre variable à l'aide du caractère "+", comme indiqué dans l'exemple ci-dessous :

A = "Les pommes sont"
B = "rouge"
AB = A + B
print (AB)

OUTPUT - "Les pommes sont rouges".

Cependant, lorsque le caractère "+" est utilisé avec des valeurs numériques, il conserve sa fonction d'opérateur mathématique, comme le montre l'exemple ci-dessous :

'A = 20
B = 30
print (A + B)

OUTPUT = 50

Vous ne pourrez pas combiner une String de caractères avec des nombres et vous obtiendrez une erreur, comme le montre l'exemple ci-dessous :

A = "rouge"
B = 30
print (A + B)

OUTPUT - N/A - ERREUR

Fonctions intégrées de Python

Comme la plupart des langages de programmation, Python dispose d'un certain nombre de fonctions intégrées qui vous facilitent la vie lors du codage d'un programme logiciel. Voici une liste de toutes ces fonctions intégrées :

Fonction	Description
abs ()	Se traduira par les valeurs absolues des nombres.
all ()	Donne True si tous les éléments d'un objet itératif sont Trues.
any ()	Donnera True si un élément de l'objet itératif est True.
ascii ()	Donnera une version lisible d'un objet et remplacera les caractères non-ascii par des caractères d'échappement.
bin ()	Se traduira par la version binaire des nombres.
bool ()	Donnera les valeurs Boolean des objets indiqués.

bytearray ()	Se traduira par un tableau d'octets.
bytes ()	Se traduira par des objets bytes.
callable ()	Donnera True si un objet spécifique est appelable ou sinon donnera False.
chr ()	Donnera lieu à un caractère du code Unicode indiqué.
classmethod ()	Convertira n'importe quelle méthode en méthode de classe.
compile ()	Se traduira par la source indiquée en tant qu'objet, prêt à être exécuté.
complex ()	Donnera un nombre complexe.
delattr ()	Supprime des attributs spécifiques (propriété ou méthode) de l'objet indiqué.
dict ()	Se traduira par un dictionnaire.
dir ()	Se traduira par une liste de propriétés et de méthodes de l'objet spécifique.
divmod ()	Donnera le quotient et le reste lorsqu'un argument est divisé par un autre.

enumerate ()	Prendra une collection et aboutira à énumérer des objets.
eval ()	Évaluera et exécutera une expression.
exec ()	Exécutera le code (ou l'objet) indiqué
filter ()	Utilise une fonction de filtre pour exclure des éléments dans un objet itératif.
float ()	Se traduira par des nombres à virgule flottante.
format ()	Formatera la valeur indiquée.
frozenset ()	Se traduira par un objet défini gelé.
getattr ()	Donnera la valeur de l'attribut indiqué (propriété ou méthode).
globals ()	Donnera lieu à la table de symboles globale la plus récente sous forme de dictionnaire.
hasattr ()	Rendra True si l'objet indiqué a l'attribut indiqué.
hash ()	Donnera la valeur de hachage de l'objet indiqué.

help ()	Exécutera le système d'aide intégré.
hex ()	Conversion de nombres en valeurs hexadécimales.
id ()	Se traduira par l'identité d'un objet.
input ()	Permettra l'entrée de l'utilisateur.
int ()	Donnera un nombre entier.
isinstance ()	Donnera True si l'objet indiqué est une instance de l'objet indiqué.
issubclass ()	Rendra True si la classe indiquée est une sous-classe de l'objet indiqué.
iter ()	Se traduira par un objet itératif.
len ()	Se traduira par la longueur d'un objet.
list ()	Se traduira par une liste.
locals ()	Se traduira par un dictionnaire mis à jour de la table de symboles locale actuelle.
map ()	Donnera lieu à l'itérateur indiqué avec la fonction indiquée appliquée à chaque élément.

max ()	Donnera lieu au plus grand élément d'une itération.
memoryview ()	Se traduira par des objets de vue mémoire.
min ()	Donnera lieu au plus petit élément d'une itération.
next ()	Donnera lieu à l'élément suivant dans une itération.
object ()	Se traduira par un nouvel objet.
oct ()	Convertira un nombre en un octet.
open ()	Ouvrira des fichiers et entraînera des objets de fichier.
ord ()	Conversion d'un entier représentant l'Unicode du caractère indiqué.
pow ()	Donnera la valeur de a à la puissance b.
print ()	Printa sur le périphérique de OUTPUT standard.
property ()	Récupérera, définira et supprimera une propriété.

range ()	Se traduira par une séquence de nombres, en commençant par 0 et des incréments par défaut de 1.
repr ()	Se traduira par une version lisible des objets.
reversed ()	Entraînera une itération inversée.
round ()	Arrondi d'un nombre.
set ()	Se traduira par de nouveaux objets d'ensemble.
setattr ()	Définit les attributs des objets.
slice ()	Se traduira par des objets en tranches.
sorted ()	Se traduira par des listes triées.
staticmethod ()	Convertit les méthodes en une méthode statique.
str ()	Se traduira par des objets de String.
sum ()	Sommera les éléments d'itérations.
super ()	Se traduira par un objet représentant la classe parent.
tuple ()	Se traduira par des tuples.
type ()	Se traduira par le type d'objets.

vars ()	Se traduira par la propriété _dict_ des objets.
zip ()	Se traduira par une seule itération à partir de plusieurs itérations.

Méthodes Python intégrées pour les Strings de caractères

Il existe un certain nombre de méthodes Python intégrées, spécialement conçues pour les Strings de données, qui permettent d'obtenir de nouvelles valeurs pour la String sans modifier la String d'origine. Voici une liste de toutes ces méthodes.

Méthode	Description
capitalize ()	Convertit le caractère initial en majuscules.
casefold ()	Convertit les Strings de caractères en minuscules.
center ()	Les Strings de caractères seront centrées.

count ()	Le résultat sera le nombre de fois qu'une valeur indiquée apparaît dans une String de caractères.
encode ()	Le résultat sera une version encodée des Strings.
endswith ()	Le résultat est True si la String se termine par la valeur indiquée.
expandtabs ()	Définit la taille de la tabulation de la String.
find ()	Recherche la valeur indiquée dans la String de caractères et indique sa position.
format ()	Formatera les valeurs indiquées des Strings.
format_map ()	Formatera les valeurs indiquées des Strings.
index ()	Recherche la valeur indiquée dans la String de caractères et indique sa position.

isalnum ()	Le résultat sera True si tous les caractères de la String sont alphanumériques.
isalpha ()	Le résultat sera True si tous les caractères de la String sont des alphabets.
isdecimal ()	Le résultat sera True si tous les caractères de la String sont des décimales.
isdigit ()	Le résultat sera True si tous les caractères de la String sont des numbers.
isidentifier ()	Le résultat sera True si la String est un identifiant.
islower ()	Le résultat sera True si tous les caractères de la String sont des minuscules.
isnumeric ()	Le résultat sera True si tous les caractères de la String sont numeriques.

isprintable ()	Le résultat sera True si tous les caractères de la String sont imprimables.
isspace ()	Le résultat sera True si tous les caractères de la String sont des espaces blancs.
istitle ()	Le résultat sera True si la String respecte les règles d'un titre.
isupper ()	Le résultat sera True si tous les caractères de la String sont des majuscules.
join ()	Joint les éléments d'une itération à la fin de la String.
ljust ()	donnera une version justifiée à gauche de la String de caractères.
lower ()	Convertit une String de caractères en minuscules.
lstrip ()	Le résultat sera une version gauche de la String.
maketrans ()	Il en résultera une table de traduction à utiliser dans les traductions.

partition ()	Le résultat sera un tuple où la String est séparée en 3 sections.
replace ()	Le résultat est une String de caractères dans laquelle une valeur indiquée est remplacée par une autre valeur indiquée.
rfind ()	Recherche dans la String de caractères une valeur indiquée et obtient le résultat en dernière position.
rindex ()	Recherche dans la String de caractères une valeur indiquée et obtient le résultat en dernière position.
rjust ()	Le résultat sera la version justifiée à droite de la String.
rpartition ()	Le résultat sera un tuple où la String est séparée en 3 sections.
rsplit ()	Divise la String de caractères au niveau du séparateur indiqué et produit une liste.

rstrip ()	Il en résultera une nouvelle version de la String qui aura été coupée à sa droite.
split ()	Divise la String de caractères au niveau du séparateur indiqué et produit une liste.
splitlines ()	Divise la String de caractères aux sauts de ligne et produit une liste.
startswith ()	Le résultat est True si la String commence par la valeur indiquée.
strip ()	Le résultat sera une version tronquée de la String de caractères.
swapcase ()	Les étuis de l'alphabet seront échangés.
title ()	Convertit le premier caractère de chaque mot en majuscule.
translate ()	Le résultat sera une String traduite.
upper ()	Convertit une String de caractères en majuscules.
zfill ()	Remplit la String avec le nombre indiqué de valeurs 0 au début.

Nombres aléatoires en Python

La fonction "random ()" n'existe pas en Python, mais il existe un module intégré appelé "random" qui peut être utilisé pour créer des nombres de manière aléatoire lorsque cela est nécessaire. Par exemple, si vous voulez appeler le module "random" et afficher un nombre au hasard entre 100 et 500, vous pouvez le faire en exécutant le code ci-dessous :

import random

print (random.randrange (100, 500))

OUTPUT - Un nombre compris entre 100 et 500 est affiché de manière aléatoire.

Il existe un certain nombre de méthodes définies dans le module aléatoire, comme indiqué ci-dessous :

Méthode	Description
betavariate ()	Donne des nombres flottants aléatoires entre 0 et 1 basés sur la distribution Bêta.

choice ()	Le résultat sera des éléments aléatoires sur la base de la séquence fournie.
choices ()	Donne une liste composée d'une sélection aléatoire de la séquence fournie.
expovariate ()	Le résultat est un nombre flottant affiché de manière aléatoire entre 0 et -1, ou entre 0 et 1 pour les paramètres négatifs sur la base des distributions statistiques exponentielles.
gammavariate ()	Le résultat sera un nombre flottant affiché entre 0 et 1 sur la base de la distribution statistique Gamma.
gauss ()	Le résultat sera un nombre flottant affiché entre 0 et 1 sur la base de la distribution gaussienne, qui est largement utilisée dans la théorie des probabilités.

getrandbits ()	Le résultat est un nombre qui représente les bits aléatoires.
getstate ()	Le résultat sera l'état interne actuel du générateur de nombres aléatoires.
lognormvariate ()	Le résultat est un nombre flottant affiché aléatoirement entre 0 et 1 sur la base d'une distribution log-normale, largement utilisée dans la théorie des probabilités.
normalvariate()	Le résultat est un nombre flottant affiché aléatoirement entre 0 et 1 sur la base de la distribution normale, qui est largement utilisée dans la théorie des probabilités.
paretovariate()	Le résultat est un nombre flottant affiché aléatoirement entre 0 et 1 sur la base de la distribution de Pareto, qui est largement utilisée dans la théorie des probabilités.

randint ()	Le résultat sera un nombre aléatoire compris dans l'intervalle fourni.
random ()	Le résultat est un nombre flottant affiché de manière aléatoire entre 0 et 1.
randrange ()	Le résultat sera un nombre aléatoire compris dans l'intervalle fourni.
sample ()	Il en résultera un échantillon des séquences.
seed ()	Déclenche le générateur de nombres aléatoires.
setstate ()	Rétablit l'état interne du générateur de nombres aléatoires.
shuffle ()	Prend une séquence et obtient une séquence, mais dans un ordre aléatoire.
triangular ()	Le résultat sera un nombre flottant aléatoire entre les deux paramètres fournis. Vous pouvez également définir un paramètre de mode pour

	spécifier le point médian entre les deux autres paramètres.
uniform ()	Donne un nombre flottant aléatoire entre deux paramètres fournis.
vonmisesvariate()	Le résultat est un nombre flottant affiché aléatoirement entre 0 et 1 sur la base de la distribution de von "Mises", qui est utilisée dans les statistiques directionnelles.
weibullvariate()	Le résultat est un nombre flottant affiché aléatoirement entre 0 et 1 sur la base de la distribution de Weibull, utilisée en statistique.

Méthodes de liste intégrées à Python

Python prend en charge un certain nombre de méthodes intégrées qui peuvent être utilisées sur des listes ou des tableaux, comme indiqué dans le tableau ci-dessous :

Méthode	Description
append ()	Insère un élément à la fin de la liste.
clear ()	Supprime tous les éléments de la liste.
copy ()	La liste sera répliquée.
count ()	Le résultat sera le nombre d'éléments avec la valeur indiquée.
extend ()	Ajoute les éléments d'une liste (ou de n'importe quel itérateur) à la fin de la liste actuelle.
index ()	Le résultat sera l'indice du premier élément avec la valeur indiquée.
insert ()	Ajoute un élément à la position indiquée.
pop ()	Retire l'élément à la position indiquée.
remove ()	Supprime le premier élément ayant la valeur indiquée.
reverse ()	Inverse l'ordre de la liste.
sort ()	Permet de trier la liste.

Méthodes Python intégrées pour les Tuplets

Python prend en charge un certain nombre de méthodes intégrées qui peuvent être utilisées sur les tuples, comme indiqué dans le tableau ci-dessous :

Méthode	Description
count ()	Le résultat sera le nombre de fois qu'une valeur indiquée apparaît dans le tuple.
index ()	Recherche dans un tuple la valeur indiquée et donne comme résultat la position où la valeur est trouvée.

Méthodes Set intégrées à Python

Python prend également en charge une variété de méthodes intégrées qui peuvent être utilisées sur les ensembles et qui sont répertoriées dans le tableau ci-dessous :

Méthode	Description
"add ()"	Ajoutera un élément à l'ensemble.

"clear ()"	Supprime tous les éléments de l'ensemble.
"copy ()"	Il en résultera une réplique de l'ensemble.
"difference ()"	Le résultat est un ensemble qui contient la différence entre 2 ou plusieurs ensembles.
"difference_update ()"	Supprime les éléments d'un ensemble qui peuvent être trouvés dans un autre ensemble indiqué.
"discard ()"	Supprime l'élément indiqué.
"intersection ()"	Le résultat est un ensemble qui est l'intersection de deux autres ensembles.
"intersection_update ()"	Supprime les éléments d'un ensemble qui ne sont pas présents dans un autre ensemble indiqué.

"isdisjoint ()"	Détermine s'il existe une intersection entre deux ensembles.
"issubset ()"	Détermine si l'ensemble identifié contient un autre ensemble.
"issuperset ()"	Détermine si un autre ensemble contient l'ensemble identifié ou non.
"pop ()"	Supprime un élément de l'ensemble.
"remove ()"	Supprime l'élément indiqué.
"symmetric_difference ()"	Il en résultera un ensemble présentant les différences symétriques des deux ensembles indiqués.
"symmetric_difference_update ()"	Insère les différences symétriques entre l'ensemble indiqué et les autres ensembles.
"union ()"	Le résultat sera un ensemble contenant l'union d'ensembles.

"update ()"	Met à jour l'ensemble avec l'union de l'ensemble indiqué et d'autres ensembles.

Méthodes de dictionnaire intégrées à Python

Python prend également en charge un grand nombre de méthodes intégrées qui peuvent être utilisées sur les dictionnaires et qui sont répertoriées dans le tableau ci-dessous :

Méthode	Description
clear ()	Supprime tous les éléments du dictionnaire.
copy ()	Il en résultera une copie du dictionnaire.
fromkeys ()	Le résultat sera un dictionnaire avec les clés et les valeurs indiquées.
get ()	Le résultat est la valeur de la clé indiquée.
items ()	Le résultat sera une liste contenant un tuple pour chaque paire valeur clé.
keys ()	Le résultat sera une liste contenant les clés du dictionnaire.

pop ()	Retire les éléments à l'aide de la clé indiquée.
popitem ()	Supprime la paire clé-valeur la plus récemment ajoutée.
setdefault ()	Le résultat sera les valeurs de la clé indiquée. Si la clé n'est pas trouvée, une nouvelle clé sera ajoutée avec les valeurs indiquées.
update ()	Met à jour le dictionnaire avec les paires clé-valeur indiquées.
values ()	Le résultat est une liste de toutes les valeurs du dictionnaire.

Méthodes de fichiers intégrées à Python

Python prend également en charge un grand nombre de méthodes intégrées qui peuvent être utilisées sur les objets fichiers et qui sont répertoriées dans le tableau ci-dessous :

Méthode	Description
close ()	Ferme le fichier

detach ()	Il en résultera un flux brut distinct.
fileno ()	Le résultat sera un nombre représentant le flux, selon le traitement du système d'exploitation.
flush ()	Permet de vider la mémoire tampon interne.
isatty ()	Permet de déterminer si le flux de fichiers est interactif.
read ()	Le résultat sera le contenu du fichier.
readable ()	Permet de déterminer si le flux de fichiers est lisible ou non.
readline ()	Le résultat sera une ligne du fichier.
readlines ()	Le résultat est une liste de lignes du fichier.
seek ()	Modifie la position du fichier.
seekable ()	Permet de déterminer si le dossier permet de modifier sa position.
tell ()	Le résultat sera la position actuelle du fichier.
truncate ()	Modifie la taille du fichier en fonction de la valeur indiquée.

writeable ()	Permet de déterminer si le fichier peut être écrasé.
write ()	Écrit la String de caractères indiquée dans le fichier.
writelines ()	Écrit une liste de Strings de caractères dans le fichier.

Mots clés Python

Python contient certains mots-clés qui ne peuvent pas être utilisés pour définir une variable ou être utilisés comme nom de fonction ou tout autre identifiant unique. Ces mots-clés Python sont listés dans le tableau ci-dessous :

Méthode	Description
"and"	Opérateur logique.
"as"	Pour créer un alias.
"assert"	Pour déboguer.
"break"	Pour sortir d'une loop.
"class"	Pour définir une classe.
"continue"	Pour passer à l'itération suivante d'une loop.

"def"	Pour définir une fonction.
"del"	Pour supprimer un objet.
"elif"	A utiliser dans les déclarations conditionnelles, comme "else if".
"else"	À utiliser dans les déclarations conditionnelles.
"except"	À utiliser en cas d'exception, afin que le programme connaisse les étapes à suivre en cas d'exception.
"FALSE"	Une des valeurs de données affectées uniquement au type de données booléen.
"finally"	En cas d'exception, ce code sera exécuté sans tenir compte de l'apparition d'une exception.
"for"	Utilisé dans la création d'une "loop pour".
"from"	Pour importer une partie particulière d'un module.
"global"	Pour déclarer une variable globale.
"if"	Pour faire des déclarations conditionnelles.

"import"	Pour importer le module souhaité.
"in"	Pour vérifier une valeur de données spécifique dans un tuple ou une liste.
"is"	Pour tester deux variables qui peuvent être égales.
"lambda"	Pour créer une fonction anonyme.
"None"	Pour la représentation d'une valeur de données nulle.
"nonlocal"	Pour la déclaration d'une variable non locale.
"not"	Opérateur logique.
"or"	Opérateur logique.
"pass"	Cela se traduira par une déclaration nulle qui ne sera pas exécutée.
"raise"	Utilisé pour lever une exception à la déclaration.
"result in"	Utilisé pour quitter une fonction et obtenir une valeur de données.
"TRUE"	Une des valeurs de données affectées uniquement au type de données booléen.

"try"	Utilisé pour faire des déclarations "essayer sauf".
"while"	Pour créer une loop "while".
"with"	Utilisé pour simplifier la procédure de traitement des exceptions.
"yield"	Pour terminer une fonction et obtenir un générateur.

Chapitre 2 : Codage en Python

Dans le chapitre précédent, vous avez appris les bases de la syntaxe Python, le concept des variables et des commentaires Python, ainsi que les détails de diverses méthodes et mots-clés Python intégrés qui servent de prérequis à l'apprentissage de la programmation Python. Dans ce chapitre, nous allons nous pencher sur les nuances de l'écriture de codes Python efficaces et efficients, en nous concentrant sur divers éléments de programmation tels que les Booleans, les tuples, les ensembles, les dictionnaires et bien d'autres encore. Commençons.

Nombres Python

En programmation Python, vous travaillerez avec trois types de données numériques différents, à savoir "int", "float" et "complex". Dans le chapitre précédent, vous avez appris les détails de ce que ces types de données impliquent, mais voici quelques exemples pour vous rafraîchir la mémoire.

Type de données	Exemple

Int (Doit être un nombre entier, positif ou négatif, sans décimales, sans restriction de longueur)	*36 ou 3.14*
Float (Le nombre à virgule flottante doit être un nombre positif ou négatif avec une ou plusieurs décimales ; le nombre scientifique peut être accompagné d'un "e" pour indiquer une puissance exponentielle de 10).	*29e5*
Complex (Doit être écrit avec un "j" comme caractère imaginaire)	*99j*

EXERCICE - Créer la variable "a" avec la valeur "3.14", la variable "b" avec la valeur "9e2" et la variable "c" avec la valeur "-29j".

À VOTRE DISCRÉTION ICI, ÉCRIVEZ D'ABORD VOTRE CODE

Maintenant, vérifiez votre code par rapport au code correct ci-dessous :

a = 3.14   # int
b = 9e2 # float
c = -29j   # complex

print (type (a))
print (type (b))
print (type (c))

Note - Les commentaires # ne sont pas nécessaires pour obtenir le code correct et ne sont mentionnés que pour renforcer votre compréhension du concept.

Conversion d'un type de données numériques en un autre
Comme toutes les variables Python sont dynamiques par nature, vous pourrez convertir le type de données de ces variables si nécessaire en dérivant une nouvelle variable de la variable à laquelle vous souhaitez attribuer un nouveau type de données. Poursuivons sur la lancée de l'exercice évoqué plus haut.

```
a = 3.14        # int
b = 9e2 # float
c = -29j        # complex

#conversion de int à float
x = float (a)

#conversion de flottant à complexe
y = complexe (b)
#conversion de complexe à int
z = float (c)

#conversion de int en complexe
x1 = int (a)

print (x)
print (y)
print (z)
print (x1)

print (type (x))
```

print (type (y))

print (type (z))

print (type (x1))

EXERCICE - Visualiser un nombre aléatoire entre 10 et 20 en important le module random.

À VOTRE DISCRÉTION ICI, ÉCRIVEZ D'ABORD VOTRE CODE

Maintenant, vérifiez votre code par rapport au code correct ci-dessous :

import random

print (random.randrange (10, 20))

Casting de variables avec les fonctions de construction

Dans les commentaires et l'exercice ci-dessus, vous avez appris que les variables pouvaient être déclarées en leur assignant simplement la valeur de données souhaitée et que, par conséquent, les variables assurent le type de données pertinent en fonction de la valeur de données. Cependant, Python vous permet de spécifier les types de données des variables en utilisant des classes ou des "constructor functions" pour définir le type de données des variables. Ce processus est appelé "Casting".

Voici les 3 fonctions de construction utilisées pour "couler" un type de données numériques dans une variable.

Fonctions de construction	Type de données
int ()	Construit un nombre entier à partir d'un littéral entier, d'un littéral String (à condition que la String représente un nombre entier) ou d'un littéral flottant (en arrondissant au nombre entier inférieur).
float ()	Construit un nombre flottant à partir d'un littéral de String (à condition que la String représente un nombre flottant

	ou un nombre entier), d'un littéral de nombre flottant ou d'un littéral de nombre entier.
complex ()	Construit une String de caractères à partir d'un grand nombre de types de données, tels que les nombres entiers, les nombres flottants et les Strings de caractères.

Voici quelques exemples :

Integer:

a = int (5)   # *a takes the value 5*

b = int (3.6)   # *b takes the value 3*

c = int ('4')   # *c takes the value 4*

Float:

a = float (5)   # *a takes the value 5.0*

b = float (3.6)   # *b takes the value 3.6*

c = float ('4')   # *c takes the value 4.0*

String:

a = str ('serial')　　　# a takes the value 'serial'

b = str (3.6)　　　　　# b takes the value '3.6'

c = str ('4')　　　　　# c takes the value '4.0'

Strings de caractères Python

En Python, le type de données String pour une variable est indiqué en utilisant des guillemets simples, doubles ou triples. Cela signifie que vous pouvez affecter une valeur de données de type String à une variable en mettant la String de caractères entre guillemets. Par exemple, "welcome" est identique à "welcome" et "'welcome'".

EXERCICE - Créez une variable "v" avec une valeur de données de type String comme "le ciel est bleu" et affichez-la.

À VOTRE DISCRÉTION ICI, ÉCRIVEZ D'ABORD VOTRE CODE

Maintenant, vérifiez votre code par rapport au code correct ci-dessous :

v = "le ciel est bleu

print (v)

OUTPUT - le ciel est bleu

EXERCICE - Créez une variable "A" avec une String de données de plusieurs lignes comme "Regarder le ciel ce soir,
en pensant à toi à mes côtés ! Que le monde continue et continue encore, tout ira bien si je reste forte !" et l'afficher.

À VOTRE DISCRÉTION ICI, ÉCRIVEZ D'ABORD VOTRE CODE

Maintenant, vérifiez votre code par rapport au code correct ci-dessous :

a = '''Regarder le ciel ce soir,

en pensant à toi à mes côtés !

Que le monde continue et continue encore,

tout ira bien si je reste forte !"

print (a)

OUTPUT - Regarder le ciel ce soir,

en pensant à toi à mes côtés !

Que le monde continue et continue encore,

Tout ira bien si je reste forte !

Remarque - Vous devez utiliser des guillemets triples pour créer des Strings de données multilignes.

Tableaux de Strings de caractères

En Python, les valeurs de données des Strings sont des tableaux d'octets qui représentent des caractères Unicode, comme c'est le cas dans la plupart des langages de programmation. Mais contrairement à d'autres langages de programmation, Python ne dispose pas de type de données pour les caractères individuels, qui sont désignés par le type de données string avec une longueur de 1. Le premier caractère de chaque String se voit attribuer la position '0', et les caractères suivants auront la position 1, 2, 3, et ainsi de suite. Pour afficher les caractères souhaités d'une valeur de données de String, vous pouvez utiliser la position du caractère entre crochets. Par exemple, si vous souhaitez afficher le cinquième caractère de la String de données "pomme" de la variable "x". Vous utiliserez la commande "print (x [4])"

EXERCICE - Créer une variable "P" avec une donnée de type String de caractères de valeur "awesome" et afficher le quatrième caractère de cette String.

À VOTRE DISCRÉTION ICI, ÉCRIVEZ D'ABORD VOTRE CODE

Maintenant, vérifiez votre code par rapport au code correct ci-dessous :

P = 'awesome'
print (P [3])

OUTPUT – s

Trancher

Si vous souhaitez afficher une plage de caractères, vous pouvez le faire en spécifiant l'indice de début et l'indice de fin des positions souhaitées et en séparant les indices par deux points. Par exemple, pour afficher les caractères d'une String de la position 1 à la position 3, votre code sera *"print (variable [1:3])"*.

Vous pouvez même visualiser les caractères à partir de la fin de la String en utilisant des "indices négatifs" et en commençant à découper la String à partir de la fin de la String. Par exemple, pour afficher les caractères d'une String de la position 4 à la position 1, votre code sera *"print (variable [-4 : -2])"*.

Pour afficher la longueur de la String, vous pouvez utiliser la fonction "len ()". Par exemple, pour afficher la longueur d'une String de caractères, votre code sera *"print (len (variable))"*.

EXERCICE - Créer une variable "P" avec une String de données de valeur comme "les roses sont rouges !" et afficher les caractères de la position 3 à 6 de cette String.

À VOTRE DISCRÉTION ICI, ÉCRIVEZ D'ABORD VOTRE CODE

Maintenant, vérifiez votre code par rapport au code correct ci-dessous :

P = "les roses sont rouges".
print (P [3 : 6])

OUTPUT - esa

EXERCICE - Créer une variable "x" avec une String de données de valeur comme "python est facile" et afficher les caractères de la position 5 à 1, en commençant le décompte à partir de la fin de cette String.

À VOTRE DISCRÉTION ICI, ÉCRIVEZ D'ABORD VOTRE CODE

Maintenant, vérifiez votre code par rapport au code correct ci-dessous :

x = 'python est facile'
print (x [-5 : -2])

OUTPUT - sea

EXERCICE - Créer une variable "z" avec une String de données de valeur "débutant en codage" et afficher la longueur de cette String.

À VOTRE DISCRÉTION ICI, ÉCRIVEZ D'ABORD VOTRE CODE

Maintenant, vérifiez votre code par rapport au code correct ci-dessous :

z = 'coding beginner'
print (len (z))

OUTPUT - 14

Méthodes des Strings de caractères

Il existe plusieurs méthodes intégrées dans Python qui peuvent être appliquées à des valeurs de données de type String. Voici les codes Python de quelques-unes des méthodes les plus fréquemment utilisées pour les Strings de caractères, en utilisant la variable *"P = 'roses sont rouges'"*.

"strip ()" method - Pour supprimer les espaces vides au début et à la fin de la String.

P = "   les roses sont rouges !   "
print (P.strip ())

OUTPUT - les roses sont rouges !

"lower ()" method - Pour obtenir tous les caractères d'une String en minuscules.

P = "Les ROSES sont ROUGES !"
print (P.lower ())

OUTPUT - les roses sont rouges !

"upper ()" method - Pour obtenir tous les caractères d'une String en majuscules.

P = "Les roses sont rouges !"

print (P.upper ())

OUTPUT - LES ROSES SONT ROUGES !

"replace ()" method - Pour remplacer certains caractères d'une String.

P = "les roses sont rouges !"
print (P.replace ("roses", "pommes"))

OUTPUT - les pommes sont rouges !

"split ()" method - Pour diviser une String en sous-Strings en utilisant la virgule comme séparateur.

P = "Roses, Pommes "
print (P.split (","))

OUTPUT - ['Roses', 'Pommes']

Concaténation de Strings de caractères

Dans certains cas, il peut être nécessaire de regrouper différentes variables de type String de caractères. Pour ce faire, vous pouvez utiliser l'opérateur logique "+". Voici la syntaxe de ce code Python:

X = "string1"
Y = "string2"
Z = X + Y
print (Z)

De même, la syntaxe suivante permet d'insérer un espace vide entre deux variables de String différentes.

X = "string1"
Y = "string2"
Z = X + " " + Y
print (Z)

Cependant, Python ne permet pas la concaténation de variables de type String avec des variables numériques. Mais il est possible d'y parvenir en utilisant la méthode *"format ()"*, qui formatera les arguments exécutés et les placera dans la String de caractères à l'endroit où les caractères de remplacement "{ }" sont utilisés. Voici la syntaxe de ce code Python :

X = numeric
Y = "String"
print (Y. format (X))

EXERCICE - Créez deux variables "A" et "B" avec des valeurs de données de type String comme "J'aime" et "mon pays !" et affichez-les sous la forme d'une String concaténée.

À VOTRE DISCRÉTION ICI, ÉCRIVEZ D'ABORD VOTRE CODE

Maintenant, vérifiez votre code par rapport au code correct ci-dessous :

A = "J'aime"
B = "mon pays !"
C = A + B
print (C)

OUTPUT - J'aime mon pays !

EXERCICE - Créez deux variables "A" avec des valeurs de données de type String comme "mon numéro chance est" et "B" avec des valeurs de données numériques comme "333" et affichez-les sous la forme d'une String concaténée.

*** À VOTRE DISCRÉTION ICI, ÉCRIVEZ D'ABORD VOTRE CODE***

Maintenant, vérifiez votre code par rapport au code correct ci-dessous :

A = "mon number fétiche est"
B = "333"
print (A. format (B))

OUTPUT - mon number fétiche est 333

Booleans Python

Au cours du développement d'un logiciel, il est souvent nécessaire de confirmer et de vérifier si une expression est True ou fausse. C'est là que le type et les valeurs de données Boolean de Python sont utilisés. En Python, la comparaison et l'évaluation de deux valeurs de données aboutissent à l'une des deux valeurs Boolean suivantes : " True " ou " False ".

Voici quelques exemples d'énoncés de comparaison de données numériques aboutissant à une valeur booléenne :

print (100 > 90)

OUTPUT - True

print (100 == 90)
OUTPUT - FALSE
print (100 < 90)

OUTPUT – False

Examinons maintenant la fonction *"bool ()", qui permet d'*évaluer des données numériques ainsi que des Strings de caractères et d'obtenir des valeurs Boolean "True" ou "False".

print (bool (99))

OUTPUT - True

print (bool ("Welcome"))

OUTPUT - True

Voici quelques points clés à retenir pour les Booleans :

1. Si une déclaration a un certain contenu, elle sera évaluée comme étant "True".
2. Toutes les valeurs de données sous forme de String seront considérées comme "Trues", sauf si la String est vide.
3. Toutes les valeurs numériques seront considérées comme "Trues", à l'exception de "0"
4. Les listes, les tuples, les ensembles et les dictionnaires sont considérés comme "Trues", sauf s'ils sont vides.

5. La plupart des valeurs vides telles que (), [], {}, "", False, None et 0 seront considérées comme "False".
6. Tout objet créé avec la fonction "_len_" dont la valeur des données est "0" ou "False" sera évalué comme "False".

En Python, il existe plusieurs fonctions intégrées qui peuvent être évaluées comme Boolean, par exemple, la fonction "isinstance()" qui vous permet de déterminer le type de données d'un objet. Par conséquent, pour vérifier si un objet est un entier, le code sera le suivant :

X = 10

print (isinstance (X, int))

EXERCICE - Créez deux variables "X" avec des valeurs de Strings de caractères comme "Yes I can !" et "Y" avec des valeurs numériques comme "3.14" et évaluez-les.

À VOTRE DISCRÉTION ICI, ÉCRIVEZ D'ABORD VOTRE CODE

Maintenant, vérifiez votre code par rapport au code correct ci-dessous :

X = "Oui, je peux !"

Y = 3.14

print (bool (X))

print (bool (Y))

OUTPUT -

True

True

Listes Python

En Python, les listes sont des collections de types de données qui peuvent être modifiées, organisées et inclue des valeurs en double. Les listes sont écrites entre crochets, comme le montre la syntaxe ci-dessous.

X = ["string1", "string2", "string3"]

print (X)

Le même concept de position s'applique aux listes en tant que type de données de String, ce qui signifie que la première String est considérée comme étant à la position 0. Les Strings suivantes se voient attribuer la position 1, 2 et ainsi de suite. Vous pouvez afficher sélectivement la String de caractères souhaitée dans une liste en référençant la position de cette String entre crochets dans la commande d'impression, comme indiqué ci-dessous.

X = ["string1", "string2", "string3"]
print (X [2])

OUTPUT - [string3]

De même, le concept d'**indexation négative** est également appliqué à Python List. Voyons l'exemple ci-dessous :

X = ["string1", "string2", "string3"]
print (X [-2])
OUTPUT - [string2]

Vous pourrez également spécifier une **plage d'index** en indiquant le début et la fin d'une plage. Le résultat en valeurs d'une telle commande sur une liste Python serait une nouvelle liste ne contenant que les éléments indiqués. Voici un exemple pour votre référence.

X = ["string1", "string2", "string3", "string4", "string5", "string6"]
print (X [2 : 4])

OUTPUT - ["string3", "string4"]
* Rappelez-vous que le premier élément est à la position 0 et que la dernière position de la plage (4) n'est pas incluse.

Maintenant, si vous n'indiquez pas le début de cette plage, elle prendra par défaut la position 0 comme le montre l'exemple ci-dessous :

X = ["string1", "string2", "string3", "string4", "string5", "string6"]
print (X [: 3])

OUTPUT - ["string1", "string2", "string3"]
De même, si vous n'indiquez pas la fin de cette plage, tous les éléments de la liste seront affichés depuis la plage de début

indiquée jusqu'à la fin de la liste, comme le montre l'exemple ci-dessous :

X = ["string1", "string2", "string3", "string4", "string5", "string6"]
print (X [3 :])

OUTPUT - ["string4", "string5", "string6"]

Vous pouvez également spécifier une **plage d'index négatifs** pour les listes Python, comme le montre l'exemple ci-dessous :

X = ["string1", "string2", "string3", "string4", "string5", "string6"]
print (X [-3 : -1])

OUTPUT - ["string4", "string5"]

* Rappelez-vous que le dernier élément est à la position -1, et que la dernière position de cette plage (-1) n'est pas incluse dans la OUTPUT.

Il peut arriver que vous deviez **modifier la valeur des données** d'une liste Python. Pour ce faire, il suffit de se référer au numéro d'index de cet élément et de déclarer la nouvelle valeur.

Prenons l'exemple ci-dessous :

X = ["string1", "string2", "string3", "string4", "string5", "string6"]
X [3] = "nouvelle String"
print (X)

OUTPUT - ["string1", "string2", "string3", "newstring", "string5", "string6"]

Vous pouvez également déterminer la **longueur** d'une liste Python à l'aide de la fonction "len()", comme le montre l'exemple ci-dessous :

X = ["string1", "string2", "string3", "string4", "string5", "string6"]
print (len (X))

OUTPUT - 6

Les listes Python peuvent également être modifiées en **ajoutant de nouveaux éléments** à une liste existante à l'aide de la méthode intégrée "append ()", comme le montre l'exemple ci-dessous :

X = ["string1", "string2", "string3", "string4"]

X.append ("newstring")

print (X)

OUTPUT - ["string1", "string2", "string3", "string4", "newstring"]

Vous pouvez également ajouter un nouvel élément à une liste Python existante à une position spécifique en utilisant la méthode intégrée "insert ()", comme le montre l'exemple ci-dessous :

X = ["string1", "string2", "string3", "string4"]

X.insert (2, "newstring")

print (X)

OUTPUT - ["string1", "string2", "newstring", "string4"]

Il peut arriver que vous ayez besoin de **copier** une liste Python existante. Pour ce faire, vous pouvez utiliser la méthode intégrée "copy ( )" ou la méthode "list ( )", comme le montre l'exemple ci-dessous :

X = ["string1", "string2", "string3", "string4", "string5", "string6"]

Y = X.copy( )

print (Y)

OUTPUT - ["string1", "string2", "string3", "string4", "string5", "string6"]

X = ["string1", "string2", "string3", "string4", "string5", "string6"]

Y = liste (X)

print (Y)

OUTPUT - ["string1", "string2", "string3", "string4", "string5", "string6"]

Il existe plusieurs méthodes intégrées pour **supprimer des éléments** d'une liste Python.

- Pour supprimer de manière sélective un élément spécifique, la méthode "remove ()" peut être utilisée.

    X = ["string1", "string2", "string3", "string4"]

X.remove ("string2")

print (X)

OUTPUT - ["string1", "string3", "string4"]

- Pour supprimer un élément spécifique de la liste, la méthode "pop ()" peut être utilisée avec la position de la valeur. Si aucun index n'a été indiqué, le dernier élément de l'index sera supprimé.

  X = ["string1", "string2", "string3", "string4"]

  X.pop ( )

  print (X)

  OUTPUT - ["string1", "string2", "string3"]

- Pour supprimer un index spécifique de la liste, la méthode "del ()" peut être utilisée, suivie de l'index entre crochets.

  X = ["string1", "string2", "string3", "string4"]

  del X [2]

  print (X)

  OUTPUT - ["string1", "string2", "string4"]

- Pour supprimer la totalité de la variable Liste, la méthode "del ()" peut être utilisée, comme indiqué ci-dessous.

  X = ["string1", "string2", "string3", "string4"]

  del X

OUTPUT - .....

- Pour supprimer toutes les valeurs de String de la liste sans supprimer la variable elle-même, la méthode "clear ()" peut être utilisée, comme indiqué ci-dessous.

X = ["string1", "string2", "string3", "string4"]

X.clear()

print (X)

OUTPUT - [ ]

Concaténation de listes

Vous pouvez joindre plusieurs listes à l'aide de l'opérateur logique "+" ou en ajoutant tous les éléments d'une liste à une autre à l'aide de la méthode "append ( )". La méthode "extend ( )" peut être utilisée pour ajouter une liste à la fin d'une autre liste. Regardons les exemples ci-dessous pour comprendre ces commandes.

X = ["string1", "string2", "string3", "string4"]

Y = [10, 20, 30, 40]

Z = X + Y

print (Z)

OUTPUT - ["string1", "string2", "string3", "string4", 10, 20, 30, 40]

X = ["string1", "string2", "string3", "string4"]
Y = [10, 20, 30, 40]

Pour x dans Y :
    X.append (x)

print (X)

OUTPUT - ["string1", "string2", "string3", "string4", 10, 20, 30, 40]
X = ["string1", "string2", "string3"]
Y = [10, 20, 30]

X.extend (Y)
print (X)

OUTPUT - ["string1", "string2", "string3", 10, 20, 30]

EXERCICE - Créez une liste "A" avec des valeurs de données de type String comme "rouge, vert, bleu, violet, jaune" et affichez l'élément à la position -2.

À VOTRE DISCRÉTION ICI, ÉCRIVEZ D'ABORD VOTRE CODE

Maintenant, vérifiez votre code par rapport au code correct ci-dessous :

A = ["rouge", "vert", "bleu", "violet", "jaune"].
print (A [-2])

OUTPUT - ["violet"]

EXERCICE - Créez une liste "A" avec des valeurs de données de type String comme "rouge, vert, bleu, violet, jaune" et affichez les éléments allant de la String à la deuxième position jusqu'à la fin de la String.

À VOTRE DISCRÉTION ICI, ÉCRIVEZ D'ABORD VOTRE CODE

Maintenant, vérifiez votre code par rapport au code correct ci-dessous :

A = ["rouge", "vert", "bleu", "violet", "jaune"].
print (A [2 :])

OUTPUT - ["rouge", "sarcelle", "bleu", "violet", "jaune"].

EXERCICE - Créez une liste "A" avec des valeurs de données de type String comme "rouge, vert, bleu, violet, jaune" et remplacez la String "vert" par "sarcelle".

À VOTRE DISCRÉTION ICI, ÉCRIVEZ D'ABORD VOTRE CODE

Maintenant, vérifiez votre code par rapport au code correct ci-dessous :

A = ["rouge", "vert", "bleu", "violet", "jaune"].
A [1] = ["sarcelle"]

print (A)

OUTPUT - ["bleu", "violet", "jaune"].

EXERCICE - Créez une liste "A" avec des valeurs de données de type String comme "rouge, vert, bleu, violet, jaune" et copiez la liste "A" pour créer la liste "B".

À VOTRE DISCRÉTION ICI, ÉCRIVEZ D'ABORD VOTRE CODE

Maintenant, vérifiez votre code par rapport au code correct ci-dessous :

A = ["rouge", "vert", "bleu", "violet", "jaune"].
B = A.copy ( )
print (B)

OUTPUT - ["rouge", "vert", "bleu", "violet", "jaune"].

EXERCICE - Créez une liste "A" avec des valeurs de données de type String comme "rouge, vert, bleu, violet, jaune" et supprimez les Strings "rouge" et "violet".

*** À VOTRE DISCRÉTION ICI, ÉCRIVEZ D'ABORD VOTRE CODE***

Maintenant, vérifiez votre code par rapport au code correct ci-dessous :

A = ["rouge", "vert", "bleu", "violet", "jaune"].
del.A [0, 2]
print (A)

OUTPUT - ["vert", "bleu", "jaune"]

Tuples Python

En Python, les tuples sont des collections de types de données qui ne peuvent pas être modifiées, mais qui peuvent être organisées dans un ordre spécifique. Les tuples permettent de dupliquer des éléments et sont écrits entre crochets ronds, comme le montre la syntaxe ci-dessous.

Tuple = ("string1", "string2", "string3")
print (Tuple)

Comme pour la liste Python, vous pouvez afficher sélectivement la String de caractères souhaitée à partir d'un Tuple en référençant la position de cette String entre crochets dans la commande print, comme illustré ci-dessous.

Tuple = ("string1", "string2", "string3")
print (Tuple [1])

OUTPUT - ("string2")

Le concept d'**indexation négative** peut également être appliqué aux Tuple Python, comme le montre l'exemple ci-dessous :
Tuple = ("string1", "string2", "string3", "string4", "string5")
print (Tuple [-2])

OUTPUT - ("string4")

Vous pourrez également spécifier une **plage d'index** en indiquant le début et la fin d'une plage. Le résultat en valeurs d'une telle commande sur un Tuple Python serait un nouveau Tuple ne contenant que les éléments indiqués, comme le montre l'exemple ci-dessous :

Tuple = ("string1", "string2", "string3", "string4", "string5", "string6")

print (Tuple [1:5])

OUTPUT - *("string2", "string3", "string4", "string5")*

* Rappelez-vous que le premier élément est à la position 0 et que la dernière position de la plage, qui est la cinquième position dans cet exemple, n'est pas incluse.

Vous pouvez également spécifier une **plage d'index négatifs** pour les tuples Python, comme le montre l'exemple ci-dessous :

Tuple = ("string1", "string2", "string3", "string4", "string5", "string6")

print (Tuple [-4 : -2])

OUTPUT - *("string4", "string5")*

* Rappelez-vous que le dernier élément est à la position -1 et que la dernière position de cette plage, qui est la quatrième position négative dans cet exemple, n'est pas incluse dans la OUTPUT.

Contrairement aux listes Python, vous ne pouvez pas **modifier** directement **la valeur des données des Tuplets Python** après leur création. Cependant, la conversion d'un tuple en une liste, puis la modification de la valeur des données de cette liste vous permettront de créer ultérieurement un tuple à partir de cette liste mise à jour. Examinons l'exemple ci-dessous :

Tuple1 = *("string1", "string2", "string3", "string4", "string5", "string6")*

Liste1 = liste (Tuple1)

List1 [2] = "mettre à jour cette liste pour créer un nouveau tuple"

Tuple1 = tuple (List1)

print (Tuple1)

OUTPUT - ("string1", "string2", "update this list to create new tuple", "string4", "string5", "string6")

Vous pouvez également déterminer la **longueur** d'un tuple Python à l'aide de la fonction "len()", comme le montre l'exemple ci-dessous :

Tuple = ("string1", "string2", "string3", "string4", "string5", "string6")
print (len (Tuple))

OUTPUT - *6*

Il n'est pas possible de supprimer des éléments sélectionnés d'un Tuple, mais vous pouvez utiliser le mot-clé "del" pour **supprimer le Tuple dans son intégralité**, comme le montre l'exemple ci-dessous :

Tuple = ("string1", "string2", "string3", "string4")
del Tuple

print (Tuple)

OUTPUT - le nom "Tuple" n'est pas défini

Vous pouvez **joindre plusieurs tuples à l'aide de** l'opérateur logique "+".

Tuple1 = ("string1", "string2", "string3", "string4")
Tuple2 = (100, 200, 300)

Tuple3 = Tuple1 + Tuple2
print (Tuple3)

OUTPUT - ("string1", "string2", "string3", "string4", 100, 200, 300)

Vous pouvez également utiliser le constructeur "tuple ( )" pour créer un tuple, comme le montre l'exemple ci-dessous :

Tuple1 = tuple (("string1", "string2", "string3", "string4"))
print (Tuple1)

EXERCICE - Créez un Tuple "X" avec des données de type String de caractères comme "pois, carottes, brocoli, oignon, pomme de terre" et affichez l'élément à la position -3.

*** À VOTRE DISCRÉTION ICI, ÉCRIVEZ D'ABORD VOTRE CODE***

Maintenant, vérifiez votre code par rapport au code correct ci-dessous :

X = ("petits pois", "carottes", "brocolis", "oignons", "pommes de terre")
print (X [-3])

OUTPUT - ("brocoli")

EXERCICE - Créez un Tuple "X" avec des données de type String de caractères telles que "pois, carottes, brocoli, oignon, pomme de terre" et affichez des éléments allant de -2 à -4.

*** À VOTRE DISCRÉTION ICI, ÉCRIVEZ D'ABORD VOTRE CODE***

Maintenant, vérifiez votre code par rapport au code correct ci-dessous :

X = ("petits pois", "carottes", "brocolis", "oignons", "pommes de terre") *print (X [-4 : -2])*

OUTPUT - ("carottes", "brocolis")

EXERCICE - Créez un Tuple "X" avec des valeurs de données de type String comme "pois, carottes, brocoli, oignon, pomme de terre" et changez son élément de "pomme de terre" à "tomate" à l'aide de la fonction List.

*** À VOTRE DISCRÉTION ICI, ÉCRIVEZ D'ABORD VOTRE CODE***

Maintenant, vérifiez votre code par rapport au code correct ci-dessous :

X = ("petits pois", "carottes", "brocolis", "oignons", "pommes de terre")
Y = liste (X)
Y [4] = "tomate"
X = tuple (Y)

print (X)

OUTPUT - ("petits pois", "carottes", "brocolis", "oignons", "tomates")

EXERCICE - Créez un Tuple "X" avec des valeurs de données de type String de caractères comme "pois, carottes, pomme de terre" et un autre Tuple "Y" avec des valeurs de données numériques comme (2, 12, 22), puis joignez-les ensemble.

À VOTRE DISCRÉTION ICI, ÉCRIVEZ D'ABORD VOTRE CODE

Maintenant, vérifiez votre code par rapport au code correct ci-dessous :

X = ("petits pois", "carottes", "pommes de terre")
Y = (2, 12, 22)
Z = X + Y
print (Z)

OUTPUT - ("pois", "carottes", "pomme de terre", 2, 12, 22)

Jeux de Python

En Python, les ensembles sont des collections de types de données qui ne peuvent pas être organisées et indexées. Les ensembles ne permettent pas de dupliquer les éléments et doivent être écrits entre crochets, comme le montre la syntaxe ci-dessous.

set = {"string1", "string2", "string3"}
print (set)

Contrairement aux listes et aux tuple Python, il n'est pas possible d'afficher sélectivement les éléments souhaités d'un ensemble en se référant à la position de cet élément, car les ensembles Python ne sont pas classés dans l'ordre. Par conséquent, les éléments n'ont pas d'indexation. Cependant, la loop "for" peut être utilisée sur les ensembles (nous reviendrons sur ce sujet plus loin dans ce chapitre).

Contrairement aux listes Python, vous ne pouvez pas **modifier** directement **les valeurs des données des ensembles Python** après leur création. Cependant, vous pouvez utiliser la méthode "add ()" pour ajouter un seul élément à l'ensemble et utiliser la méthode "update ( )" pour ajouter un ou plusieurs éléments à un ensemble déjà existant. Examinons l'exemple ci-dessous :

set = {"string1", "string2", "string3"}
set. add ("newstring")
print (set)

OUTPUT - {"string1", "string2", "string3", "newstring"}
set = {"string1", "string2", "string3"}
set. update (["newstring1", "newstring2", "newstring3",)
print (set)

OUTPUT - {"string1", "string2", "string3", "newstring1", "newstring2", "newstring3"}.

Vous pouvez également déterminer la **longueur** d'un ensemble Python à l'aide de la fonction "len()", comme le montre l'exemple ci-dessous :

set = {"string1", "string2", "string3", "string4", "string5", "string6", "string7"}
print (len(set))

OUTPUT - 7

Pour **supprimer de manière sélective un élément spécifique d'un ensemble**, la méthode "remove ()" peut être utilisée comme le montre le code ci-dessous :
set = {"string1", "string2", "string3", "string4", "string5"}
set. remove ("string4")
print (set)

OUTPUT - {"string1", "string2", "string3", *"string5"*}
Vous pouvez également utiliser la méthode "discard ( )" pour supprimer des éléments spécifiques d'un ensemble, comme le montre l'exemple ci-dessous :

set = {"string1", "string2", "string3", "string4", "string5"}

set. discard ("string3")

print (set)

OUTPUT - {"string1", "string2", "string4", *"string5"*}

La méthode "pop ( )" peut être utilisée pour supprimer sélectivement le dernier élément d'un ensemble. Il convient de noter ici que les ensembles Python n'étant pas ordonnés, tout élément que le système considère comme le dernier sera supprimé. Par conséquent, la OUTPUT de cette méthode sera l'élément qui a été supprimé.

set = {"string1", "string2", "string3", "string4", "string5"}

A = set.pop ( )

print (A)

print (set)

OUTPUT -

String2

{"string1", "string3", "string4", *"string5"*}

Pour supprimer l'ensemble du jeu, le mot-clé "del" peut être utilisé, comme indiqué ci-dessous.

set = {"string1", "string2", "string3", "string4", "string5"}
supprimer l'ensemble
print (set)

OUTPUT - le nom "set" n'est pas défini

Pour supprimer tous les éléments de l'ensemble sans supprimer la variable elle-même, la méthode "clear ()" peut être utilisée, comme indiqué ci-dessous.

set = {"string1", "string2", "string3", "string4", "string5"}
set.clear ( )
print (set)

OUTPUT - set ( )

Vous pouvez **joindre plusieurs ensembles à l'aide** de la méthode "union ( )". Le résultat de cette méthode sera un nouvel ensemble contenant tous les éléments des deux ensembles. Vous pouvez également utiliser la méthode "update ( )" pour insérer tous les éléments d'un ensemble dans un autre sans créer un nouvel ensemble.

Set1 = {"string1", "string2", "string3", "string4", "string5"}

Set2 = {15, 25, 35, 45, 55}

Set3 = Set1.union (Set2)

print (Set3)

OUTPUT - {"string1", 15, "string2", 25, "string3", 35, "string4", 45, "string5", 55}

Set1 = {"string1", "string2", "string3", "string4", "string5"}

Set2 = {15, 25, 35, 45, 55}

Set1.update (Set2)

print (Set1)

OUTPUT - {25, "string1", 15, "string4",55, "string2", 35, "string3", 45, "string5"}.

Vous pouvez également utiliser le constructeur "set ( )" pour créer un ensemble, comme le montre l'exemple ci-dessous :

Set1 = set (("string1", "string2", "string3", "string4", "string5"))
print (Set1)

OUTPUT - {"string3", "string5", "string2", "string4", "string1"}

EXERCICE - Créer un ensemble "Veg" avec des données de type String de caractères telles que "pois, carottes, brocoli, oignon, pomme de terre" et ajouter de nouveaux éléments "tomate", "céleri" et "avocat" à cet ensemble.

À VOTRE DISCRÉTION ICI, ÉCRIVEZ D'ABORD VOTRE CODE

Maintenant, vérifiez votre code par rapport au code correct ci-dessous :

Veg = {"pois", "carottes", "brocoli", "oignon", "pomme de terre"}
Veg.update (["tomate", "céleri", "avocat"])
print (Veg)

OUTPUT - {"petits pois", "céleri", "oignon", "carottes", "brocoli", "avocat", "pomme de terre", "tomate"}.

EXERCICE - Créez un ensemble "Veg" avec des données de type String de caractères telles que "pois, carottes, brocoli, oignon, pomme de terre", puis supprimez le dernier élément de cet ensemble.

À VOTRE DISCRÉTION ICI, ÉCRIVEZ D'ABORD VOTRE CODE*

Maintenant, vérifiez votre code par rapport au code correct ci-dessous :

Veg = {"petits pois", "carottes", "brocolis", "oignons", "pommes de terre"}
X = Veg.pop ( )
print (X)
print (Veg)

OUTPUT -

brocoli

{"petits pois", "oignon", "carottes", "pomme de terre"}.

EXERCICE - Créez un ensemble "Veg" avec des valeurs de Strings de caractères telles que "pois, carottes, brocoli, oignon, pomme de terre" et un autre ensemble "Veg2" avec des éléments tels que "tomate, aubergine, céleri, avocat". Combinez ensuite ces deux ensembles pour créer un troisième nouvel ensemble.

À VOTRE DISCRÉTION ICI, ÉCRIVEZ D'ABORD VOTRE CODE

Maintenant, vérifiez votre code par rapport au code correct ci-dessous :

Veg = {"pois", "carottes", "brocoli", "oignon", "pomme de terre"}
Veg2 = {"tomate", "aubergine", "céleri", "avocat"}.

AllVeg = Veg.union (Veg2)   #le nom de cet ensemble peut varier car il n'a pas été défini dans l'exercice *print (AllVeg)*

OUTPUT - {"petits pois", "céleri", "oignon", "carottes", "aubergine", "brocoli", "avocat", "pomme de terre", "tomate"}.

Dictionnaire Python

En Python, les dictionnaires sont des collections de types de données qui peuvent être modifiées et indexées, mais qui ne sont pas classées dans l'ordre. Chaque élément d'un dictionnaire Python comprend une clé et sa valeur. Les dictionnaires ne permettent pas de dupliquer les éléments et doivent être écrits entre crochets, comme le montre la syntaxe ci-dessous.

dict = {
"key1" : "value1",
"key2" : "value2",
"key3" : "value3",
}
print (dict)

Vous pouvez afficher sélectivement la valeur de l'élément souhaité dans un dictionnaire en référençant sa clé entre crochets dans la commande d'impression, comme indiqué ci-dessous.

dict = {
"key1" : "value1",
"key2" : "value2",
"key3" : "value3",
}

X = dict ["key2"]
print (X)

OUTPUT - value2

Vous pouvez également utiliser la méthode "get ( )" pour afficher la valeur d'une clé, comme le montre l'exemple ci-dessous :

dict = {
"key1" : "value1",
"key2" : "value2",

"key3" : "value3",

}

X = dict.get ("key1")

print (X)

OUTPUT - value1

Il peut arriver que vous ayez besoin de **modifier la valeur** d'une clé dans un dictionnaire Python. Pour ce faire, il suffit de faire référence à la clé de cet élément et de déclarer la nouvelle valeur. Voyons l'exemple ci-dessous :

dict = {

"key1" : "value1",

"key2" : "value2",

"key3" : "value3",

}

dict ["key3"] = "NEWvalue"

print (dict)

OUTPUT - {"key1" : "value1", "clé2" : "value2", "clé3" : "NEWvalue"}

Vous pouvez également déterminer la **longueur** d'un dictionnaire Python à l'aide de la fonction "len()", comme le montre l'exemple ci-dessous :

dict = {
"key1" : "value1",
"key2" : "value2",
"key3" : "value3",
"key4" : "value4",
"key5" : "value5"
}

print (len (dict))

OUTPUT - 5

Le dictionnaire Python peut également être modifié en **ajoutant** une nouvelle clé d'indexation et en attribuant une nouvelle valeur à cette clé, comme le montre l'exemple ci-dessous:

dict = {
"key1" : "value1",
"key2" : "value2",
"key3" : "value3",
}

dict ["NEWkey"] = "NEWvalue"
print (dict)

OUTPUT - {"key1" : "value1", "clé2" : "value2", "key3" : "value3", "NEWkey" : "NEWvalue"}

Il existe plusieurs méthodes intégrées pour **supprimer des éléments** d'un dictionnaire Python.

- Pour supprimer de manière sélective une valeur d'élément spécifique, la méthode "pop ()" peut être utilisée avec le nom de clé indiqué.

    dict = {
    "key1" : "value1",
    "key2" : "value2",

"key3" : "value3",
}
dict.pop ("key1")
print (dict)

OUTPUT - { "key2" : "value2", "clé3" : "value3"}

- Pour supprimer de manière sélective la valeur de l'élément qui a été inséré en dernier, la méthode "popitem ()" peut être utilisée avec le name de clé indiqué.

dict = {
"key1" : "value1",
"key2" : "value2",
"key3" : "value3",
}
dict.popitem ( )
print (dict)

OUTPUT - { "key1" : "value1", "clé2" : "value2"}

- Pour supprimer de manière sélective une valeur d'élément spécifique, le mot-clé "del" peut également être utilisé avec le nom de clé indiqué.

dict = {

"key1" : "value1",

"key2" : "value2",

"key3" : "value3",

}

del dict ("key3")

print (dict)

OUTPUT - { "key1" : "value1", "clé2" : "value2"}

- Pour supprimer un dictionnaire Python dans son intégralité, le mot-clé "del" peut également être utilisé, comme le montre l'exemple ci-dessous :

dict = {

"key1" : "value1",

"key2" : "value2",

"key3" : "value3",

}

del dict

print (dict)

OUTPUT - *le* nom "dict" n'est pas défini

- Pour supprimer tous les éléments du dictionnaire sans supprimer le dictionnaire lui-même, la méthode "clear ()" peut être utilisée comme indiqué ci-dessous.

dict = {

"key1" : "value1",

"key2" : "value2",

"key3" : "value3",

}

dict.clear ( )

print (dict)

OUTPUT - { }

Il peut arriver que vous ayez besoin de **copier** un dictionnaire Python existant. Pour ce faire, vous pouvez utiliser la méthode intégrée "copy ( )" ou la méthode "dict ( )", comme le montrent les exemples ci-dessous :

dict = {

"key1" : "value1",

"key2" : "value2",

"key3" : "value3",

}

newdict = dict.copy ( )

print (newdict)

OUTPUT - {"key1" : "value1", "clé2" : "value2", "clé3" : "value3"}

Olddict = {

"key1" : "value1",

"key2" : "value2",

"key3" : "value3",

}

newdict = dict (Olddict)

print (newdict)

OUTPUT - {"key1" : "value1", "clé2" : "value2", "clé3" : "value3"}

Il existe une fonctionnalité unique qui permet d'**imbriquer** plusieurs dictionnaires Python dans un autre dictionnaire Python. Vous pouvez créer un dictionnaire contenant des dictionnaires enfants, comme le montre l'exemple ci-dessous :

```
McDonaldFamilyDict = {
    "burger1" : {
        "name" : "McPuff",
        "price" : 2,99
    },
    "burger2" : {
        "name" : "BigMac",
        "price" : 5
    },
    "burger3" : {
        "name" : "McDouble",
        "price" : 1,99
    }
}
print (McDonaldFamilyDict)
```

OUTPUT - {"burger1" : {"name" : "McPuff", "price" : 2.99}, "burger2" : {"name" : "BigMac", "price" : 5}, "burger3" : {"name" : "McDouble", "price" : 1.99}}

Vous pouvez également créer un tout nouveau dictionnaire contenant d'autres dictionnaires existant déjà sur le système ; votre code ressemblera à celui ci-dessous :

burgerDict1 : {
    "name" : "McPuff".
    "price" : 2,99
}

burgerDict2 : {
    "name" : "BigMac",
    "price" : 5
}
burgerDict3 : {
    "name" : "McDouble",
    "price" : 1,99
}

McDonaldFamilyDict = {
    "burgerDict1" : burgerDict1,
    "burgerDict2" : burgerDict2

        "burgerDict3" : burgerDict3
}
print (McDonaldFamilyDict)

OUTPUT - {"burger1" : {"name" : "McPuff", "price" : 2.99}, "burger2" : {"name" : "BigMac", "price" : 5}, "burger3" : {"name" : "McDouble", "price" : 1.99}}

Enfin, vous pouvez utiliser la fonction "dict ( )" pour créer un nouveau dictionnaire Python. Les principales différences lorsque vous créez des éléments pour le dictionnaire à l'aide de cette fonction sont les suivantes : 1. Les parenthèses rondes sont utilisées à la place des parenthèses frisées. 2. Le signe égal à est utilisé à la place du point-virgule. Examinons l'exemple ci-dessous :

DictwithFunction = dict (key1 = "value1", key2 = "value2", key3 = "value3")
print (DictwithFunction)

OUTPUT - {"key1" : "value1", "clé2" : "value2", "clé3" : "value3"}

EXERCICE - Créez un dictionnaire "Starducks" avec des articles dont les clés sont "type", "size" et "price" et les valeurs correspondantes "latte", "grande" et "4,99". Ajoutez ensuite un nouvel article dont la clé est "sirop" et la valeur "noisette".

*** À VOTRE DISCRÉTION ICI, ÉCRIVEZ D'ABORD VOTRE CODE***

Maintenant, vérifiez votre code par rapport au code correct ci-dessous :

Starducks = {
"type" : "latte",
"size" : "grande",
"price" : 4,99
}
Starducks ["sirop"] = "noisette"
print (Starducks)

OUTPUT - {"type" : "latte", "size" : "grande", "price" : 4.99, "syrup" : "hazelnut"}.

EXERCICE - Créez un dictionnaire "Starducks" avec des éléments contenant les clés "type", "size" et "price" avec les valeurs correspondantes "latte", "grande" et "4,99". Utilisez ensuite une fonction pour supprimer le dernier élément ajouté.

À VOTRE DISCRÉTION ICI, ÉCRIVEZ D'ABORD VOTRE CODE

Maintenant, vérifiez votre code par rapport au code correct ci-dessous :

Starducks = {
"type" : "latte",
"size" : "grande",
"price" : 4,99
}
Starducks.popitem ( )
print (Starducks)

OUTPUT - {"type" : "latte", "size" : "grande"}

EXERCICE - Créez un dictionnaire "Starducks" avec les dictionnaires imbriqués ci-dessous :

Dictionary Name	Key	Value
Coffee1	name	latte
	size	venti
Coffee2	name	espresso
	size	grande
Coffee3	name	mocha
	size	small

À VOTRE DISCRÉTION ICI, ÉCRIVEZ D'ABORD VOTRE CODE

Maintenant, vérifiez votre code par rapport au code correct ci-dessous :

```
Starducks = {
    "coffee1" : {
        "name" : "latte",
        "size" : "venti"
    },
    "coffee2" : {
```

```
            "name" : "espresso",
            "size" : "grande"
    },
    "coffee3" : {
            "name" : "moka",
            "size" : "petite"
    }
}
print (Starducks)
```

OUTPUT - {"coffee1" : {"name" : "latte", "size" : "venti"}, "coffee2" : {"name" : "espresso", "size" : "grande"}, "coffee3" : {"name" : "mocha", "size" : "small"}}

EXERCICE - Utilisez la fonction "dict ()" pour créer un dictionnaire "Starducks" avec des éléments contenant les clés "type", "size" et "price" avec les valeurs correspondantes "latte", "grande" et "4.99".

À VOTRE DISCRÉTION ICI, ÉCRIVEZ D'ABORD VOTRE CODE

Maintenant, vérifiez votre code par rapport au code correct ci-dessous :

Starducks = dict (type = "latte", size = "grande", price = 4.99}
print (Starducks)

OUTPUT - {"type" : "latte", "size" : "grande", "price" : 4.99, "syrup" : "hazelnut"}.

Conditions Python et instruction "If"

Python permet d'utiliser plusieurs conditions mathématiques et logiques, comme indiqué ci-dessous :

- Égal à - "x == y"
- Pas égal - "x !=y"
- Moins que - "x < y"
- Inférieur à, égal à - "x <= y"
- Plus grand que - "x > y"
- Plus grand que, égal à - "x >=y"

Déclaration If

Toutes ces conditions peuvent être utilisées dans des Loop et des " **Déclaration if** ". Le mot-clé "if" doit être utilisé pour écrire ces instructions, comme le montre la syntaxe ci-dessous :

X = numeric1
Y = numeric2
si X > Y :
    print ("X est plus grand que Y")

La chose la plus importante à retenir ici est que l'indentation ou l'espace blanc au début d'une ligne dans le code ci-dessus est critique. Contrairement à d'autres langages de programmation qui utilisent des parenthèses, la programmation Python est guidée par l'indentation dans le processus de définition de la portée du code. Par conséquent, l'écriture du code Python ci-dessous entraînera une erreur.

X = numeric1
Y = numeric2
si X > Y :

print ("X is greater than Y")   #leads à une erreur

Déclaration Else-if

Vous pouvez utiliser le mot-clé "elif" pour évaluer si la condition précédente n'est pas True, puis exécuter la condition suivante. Voici la syntaxe suivie d'un exemple pour vous aider à mieux comprendre ce concept :

X = numeric1
Y = numeric2
si X > Y :
    print ("X est plus grand que Y")
elif X == Y :
    print ("X et Y sont égaux")

Exemple :

X = 58
Y = 58
si X > Y :
    print ("X est plus grand que Y")

elif X == Y :

    print ("X et Y sont égaux")

OUTPUT - X et Y sont égaux

Déclaration Else

Vous pouvez utiliser le mot-clé "else" pour exécuter n'importe quelle condition si les conditions précédentes ne sont pas Trues. Voici la syntaxe suivie d'un exemple pour vous aider à mieux comprendre ce concept :

X = numeric1

Y = numeric2

si X > Y :

    print ("X est plus grand que Y")

elif X == Y :

    print ("X et Y sont égaux")

d'autre part :

    print ("Y est plus grand que X")

Exemple :

X = 58

Y = 59

si X > Y :

    print ("X est plus grand que Y")

elif X == Y :

    print ("X et Y sont égaux")

d'autre part :

    print ("Y est plus grand que X")

OUTPUT - Y est supérieur à X

Vous pouvez également utiliser le mot-clé "else" sans utiliser le mot-clé "elif", comme le montre l'exemple ci-dessous :

X = 69

Y = 96

si X > Y :

    print ("X est plus grand que Y")

d'autre part :

    print ("X n'est pas plus grand que Y")

OUTPUT - X n'est pas supérieur à Y

Déclaration If sur une seule ligne

Vous pouvez même exécuter des instructions sur une seule ligne avec la clause "If", comme le montre la syntaxe ci-dessous :

Si x > y : print ("y est plus grand que x")

Déclaration If-Else sur une seule ligne

Vous pouvez même exécuter des instructions sur une seule ligne avec la clause "If - Else", comme le montre la syntaxe ci-dessous:

x = 10

y = 15

print ("x") If x > y else print ("y")

Déclaration If-Else sur une seule ligne avec plusieurs Else

Vous pourrez également exécuter des instructions sur une seule ligne avec la clause "If - Else" contenant plusieurs instructions "Else" sur la même ligne, comme le montre la syntaxe ci-dessous:

x = 100

y = 100

print ("x") Si x > y else print ("=") if a == b else print ("y")

"And" Keyword

Si vous souhaitez combiner plusieurs instructions conditionnelles, vous pouvez le faire en utilisant le mot-clé "and", comme le montre l'exemple ci-dessous :

x = 20

y = 18

z = 35

si x > y et z > x :

    print ("Toutes les conditions sont Trues")

"Or" Keyword

Si vous souhaitez combiner plusieurs instructions conditionnelles, vous pouvez également utiliser le mot-clé "ou", comme le montre l'exemple ci-dessous :

x = 20

y = 18

z = 35

si x > y ou x > z :

    print ("Au moins une des conditions est True")

Déclarations **"Nested If"**

Vous pouvez avoir plusieurs instructions "if" à l'intérieur d'une instruction "if", comme le montre l'exemple ci-dessous :

x = 110

si x > 50 :

    print ("Supérieur à 50, ")

si x > 90 :

    print ("et supérieur à 100")

d'autre part :

    print ("Pas supérieur à 100")

Déclarations "Pass"

En Python, si vous devez exécuter des instructions "if" sans contenu, vous devez incorporer une instruction "pass" pour éviter de déclencher une erreur. Voici un exemple pour mieux comprendre ce concept.

x = 20

y = 55

si y > x

   passer

EXERCICE - Écrivez le code pour vérifier si X = 69 est plus grand que Y = 79, la OUTPUT doit être "X est plus grand que Y". Si la première condition n'est pas True, alors vérifiez si X est égal à Y, la OUTPUT doit être "X et Y sont égaux" sinon la OUTPUT doit être "Y est plus grand que X".

À VOTRE DISCRÉTION ICI, ÉCRIVEZ D'ABORD VOTRE CODE

Maintenant, vérifiez votre code par rapport au code correct ci-dessous :

X = 69

Y = 79

si X > Y :

   print ("X est plus grand que Y")

elif X == Y :

   print ("X et Y sont égaux")

d'autre part :

> *print ("Y est plus grand que X")*

OUTPUT - "Y est plus grand que X".

EXERCICE - Écrivez le code pour vérifier si x = 69 est supérieur à '50', la OUTPUT doit être "Supérieur à 50". Ensuite, vérifiez si x est supérieur à '60', la OUTPUT doit indiquer "Et supérieur à 60", sinon la OUTPUT doit indiquer "Pas supérieur à 60".

À VOTRE DISCRÉTION ICI, ÉCRIVEZ D'ABORD VOTRE CODE

Maintenant, vérifiez votre code par rapport au code correct ci-dessous :

x = 69

si x > 50 :

> *print ("Supérieur à 50")*

si x > 60 :

> *print ("Et supérieur à 60")*

d'autre part :

    print ("Pas supérieur à 60")

OUTPUT -

"Plus de 50"

"Et supérieur à 60"

EXERCICE - Écrivez le code pour vérifier si x = 9 est plus grand que y = 19 et si z = 25 est plus grand que x. La OUTPUT doit être lue si l'une des conditions ou les deux sont Trues.

    À VOTRE DISCRÉTION ICI, ÉCRIVEZ D'ABORD VOTRE CODE

Maintenant, vérifiez votre code par rapport au code correct ci-dessous :

x = 9

y = 19

z = 25

si x > y et z > x :

    print ("Les deux conditions sont Trues")

OUTPUT - "Les deux conditions sont Trues".

EXERCICE - Écrivez le code pour vérifier si x = 45 est inférieur à y = 459 ou si z = 1459 est inférieur à x. La OUTPUT doit être lue si l'une des conditions ou les deux sont Trues.

À VOTRE DISCRÉTION ICI, ÉCRIVEZ D'ABORD VOTRE CODE

Maintenant, vérifiez votre code par rapport au code correct ci-dessous :

x = 45

y = 459

z = 1459

si x < y et z < x :

    print ("Au moins une des conditions est True")

OUTPUT - "Au moins une des conditions est True".

Loop "While" de Python

Python permet l'utilisation de l'une de ses commandes de loop standard, à savoir la loop "while", pour l'exécution d'un bloc d'instructions, à condition que la condition initiale soit True.

Voici la syntaxe des instructions de la loop "while" :

p = num1

while p < num2 :

    print (p)

    p += 1

Dans la syntaxe ci-dessus, pour éviter que la loop ne se poursuive sans fin, la variable (p) a été limitée par une incrémentation. L'indexation de la variable dans l'instruction est une condition préalable à la loop "while".

Déclarations "break"

Ces instructions permettent de sortir de la loop "while", même si la condition fixée reste True. Dans l'exemple ci-dessous, la variable sortira de la loop lorsqu'elle atteindra 4 :

p = 2

si p < 7 :

    print (p)

>   si p == 4
>   break
>   p += 2

OUTPUT -

2

3

4

Déclarations "continue"

Ces instructions permettent au système d'arrêter l'exécution de la condition courante et de passer à l'itération suivante de la loop. Dans l'exemple ci-dessous, le système poursuivra l'exécution de la commande suivante si la variable est égale à 2 :

p = 1

si p < 5 :

>   *p += 1*
>   *si p == 2 :*
>   *continue*
>   *print (p)*

OUTPUT -

1

3

4

5

(Note - Le number 2 est absent du résultat ci-dessus)

Déclaration "else"

L'instruction "else" vous permet d'exécuter un ensemble de codes après que la condition "while" n'est plus True. Dans l'exemple ci-dessous, la OUTPUT comprendra une déclaration indiquant que la condition initiale n'est plus True :

p = 1

si p < 5 :

    print (p)

    p += 1

d'autre part :

    print ("p n'est plus inférieur à 5")

OUTPUT -

1

2

3

4

n'est plus inférieur à 5

EXERCICE - Ecrire le code pour print une série de nombres si x = 1 est plus petit que 7.

À VOTRE DISCRÉTION ICI, ÉCRIVEZ D'ABORD VOTRE CODE

Maintenant, vérifiez votre code par rapport au code correct ci-dessous :

x = 1
while x < 7 :
    print (x)
    x += 1

OUTPUT -

1

2

3

4

5

6

EXERCICE - Ecrire le code pour print une série de nombres si x = 1 est plus petit que 6 et sortir de la loop quand x est 3.

*** À VOTRE DISCRÉTION ICI, ÉCRIVEZ D'ABORD VOTRE CODE***

Maintenant, vérifiez votre code par rapport au code correct ci-dessous :

x = 1
while x < 6 :
    print (x)
    si x == 3
      break
    x += 1

OUTPUT -

1

2

3

EXERCICE - Écrire le code pour print une série de nombres si x = 1 est plus petit que 6 et continue à exécuter la condition initiale si x est 3 dans une nouvelle itération.

*** À VOTRE DISCRÉTION ICI, ÉCRIVEZ D'ABORD VOTRE CODE***

Maintenant, vérifiez votre code par rapport au code correct ci-dessous :

x = 1
while x < 6 :
    x += 1
    si x == 3 :
    continue
    print (x)

OUTPUT -

1

2

4

5

6

(Note - Le number 3 est manquant, mais la condition initiale est exécutée dans une nouvelle itération).

EXERCICE - Écrivez le code pour print une série de nombres si x = 1 est plus petit que 4. Une fois que cette condition devient fausse, print "x n'est plus inférieur à 4".

À VOTRE DISCRÉTION ICI, ÉCRIVEZ D'ABORD VOTRE CODE

Maintenant, vérifiez votre code par rapport au code correct ci-dessous :

x = 1
while x < 4 :
    print (x)

>   *x = 1*

d'autre part :

>   *print ("x n'est plus inférieur à 4")*

OUTPUT -

1

2

3

x n'est plus inférieur à 4

Loop "For" de Python

Une autre loop standard de Python est la loop "for", qui est utilisée pour exécuter des itérations sur une série telle qu'une String de caractères, un tuple, un ensemble, un dictionnaire ou une liste. Le mot-clé "for" de Python fonctionne comme un itérateur que l'on trouve dans les langages de programmation orientés objet. Il permet l'exécution d'un bloc d'instructions une fois pour chaque élément d'un tuple, d'un ensemble, d'une liste et d'autres séries.

Prenons l'exemple ci-dessous :

veg = ["tomate", "oignon", "pomme de terre"]

pour X dans veg :

    print (X)

OUTPUT -

tomate

oignon

pomme de terre

Vous remarquerez que dans le code ci-dessus, la variable n'a pas été définie. La loop "for" peut être exécutée sans définir d'index pour la variable dans le code.

Loop pour les Strings de caractères

Les Strings de caractères Python constituent une série de caractères itératifs par nature. Ainsi, si vous souhaitez parcourir en loop les caractères d'une String, il vous suffit d'utiliser la loop "for", comme le montre l'exemple ci-dessous :

pour X dans "carrot" :

    print (X)

OUTPUT -

c

a

r

r

o

t

.

Déclarations "break"

Si vous souhaitez quitter la loop avant qu'elle ne soit terminée, vous pouvez utiliser les instructions "break", comme le montre l'exemple ci-dessous :

veg = ["tomate", "oignon", "pomme de terre", "pois", "carotte"]
pour X dans veg :
    print (X)
    si X == "pois" :
    break

OUTPUT -

tomate

oignon

pomme de terre

pois

Dans l'exemple ci-dessous, la commande print a été exécutée avant l'instruction "break" et a directement affecté la OUTPUT :

veg = ["tomate", "oignon", "pomme de terre", "pois", "carotte"]
pour X dans veg :
    si X == "pois" :
        break
    print (X)

OUTPUT -

tomate

oignon

pomme de terre

Déclaration "continue"

Comme dans la loop "while", l'instruction "continue" de la loop "for" est utilisée pour arrêter l'exécution de la condition actuelle et passer à l'itération suivante de la loop. Examinons l'exemple ci-dessous pour mieux comprendre ce concept :

veg = ["tomate", "oignon", "pomme de terre", "pois", "carotte"]

pour X dans veg :

    si X == "pomme de terre" :

        continue

    print (X)

OUTPUT -

tomate

oignon

pois

carotte

"Fonction" range

La fonction "range ( )" peut être utilisée pour parcourir en loop un bloc de code pendant un nombre spécifique de fois. Cette fonction produira une série de nombres commençant par "0" par défaut, avec des incréments réguliers de 1 et se terminant par un nombre spécifique.

Voici un exemple de cette fonction :

pour X dans l'intervalle (5) :

print (X)

OUTPUT -

0

1

2

3

4

Note - La fonction "range ( )" produit par défaut 0 comme première OUTPUT, et la dernière valeur de la plage, 5, est exclue de la OUTPUT.

Prenons un autre exemple avec les valeurs de début et de fin de la fonction "range ( )" :

pour X dans l'intervalle (1, 5) :
  print (X)

OUTPUT -

1

2

3

4

Dans l'exemple ci-dessous, nous allons spécifier la valeur d'incrémentation, qui est fixée à 1 par défaut :

pour X dans l'intervalle (3, 20, 5) :

    print (X)

OUTPUT -

3

8

13

18

"Else" dans la loop "For"

Vous pouvez utiliser le mot-clé "else" pour spécifier un ensemble de codes qui doivent être exécutés à la fin de la loop, comme le montre l'exemple ci-dessous :

pour X dans l'intervalle (5) :

    print (X)

d'autre part :

    print ("La loop est terminée")

OUTPUT -

0

1

2

3

4

La loop est bouclée

Loop "imbriquées"

Lorsque des Loop sont définies à l'intérieur d'une loop, l'exécution de la loop intérieure se produit une fois pour chaque itération de la loop extérieure. Examinons l'exemple ci-dessous, dans lequel nous voulons que chaque adjectif soit imprimé pour chaque légume répertorié :

adjectif = ["vert", "feuillu", "sain"]
veg = ["épinards", "chou frisé", "asperges"]

pour X dans l'adjectif :
    pour Y dans veg :
        print (X, Y)

OUTPUT -

épinards verts

chou vert

asperges vertes

épinards à feuilles

chou frisé à feuilles

asperges à feuilles

épinards sains

chou frisé sain

asperges saines

Déclarations de "réussite"

En Python, si vous devez exécuter des Loop "for" sans contenu, vous devez incorporer une instruction "pass" pour éviter de déclencher une erreur. Voici un exemple pour mieux comprendre ce concept.

pour X dans [1, 2, 3]
  passer

OUTPUT - ......

Le code de la loop "for" vide ci-dessus aurait entraîné une erreur sans l'instruction "pass".

EXERCICE - Écrivez le code pour parcourir en loop une liste de couleurs ("bleu", "violet", "rouge") sans définir de variable. Loopz ensuite sur les caractères de la String "bleu".

À VOTRE DISCRÉTION ICI, ÉCRIVEZ D'ABORD VOTRE CODE

Maintenant, vérifiez votre code par rapport au code correct ci-dessous :

couleurs = ["bleu", "violet", "rouge"]
pour A dans les couleurs :
    print (A)
pour B dans "bleu" :
    print (B)

OUTPUT -
bleu

pourpre

rouge

b

l

u

e

EXERCICE - Ecrivez le code pour faire une loop dans une liste de couleurs ("bleu", "violet", "rouge", "blanc") sans définir de variable. Puis interrompez la loop à "rouge", sans print dans le résultat.

À VOTRE DISCRÉTION ICI, ÉCRIVEZ D'ABORD VOTRE CODE

Maintenant, vérifiez votre code par rapport au code correct ci-dessous :

couleurs = ["bleu", "violet", "rouge", "blanc"].
pour A dans les couleurs :
    si A == "rouge" :
        break
    print (A)

OUTPUT -

bleu

pourpre

EXERCICE - Écrivez le code pour parcourir en loop une plage de nombres commençant par 5 et se terminant par 30. Veillez à définir les incréments à 6.

À VOTRE DISCRÉTION ICI, ÉCRIVEZ D'ABORD VOTRE CODE

Maintenant, vérifiez votre code par rapport au code correct ci-dessous :

pour X dans l'intervalle (5, 30, 6) :

    print (X)

OUTPUT -

5

11

16

22

28

EXERCICE - Écrivez le code pour loopr les téléphones ("iPhone", "Samsung", "Google"), et loopr avec les couleurs ("noir", "blanc", "or") en utilisant des Loop imbriquées.

À VOTRE DISCRÉTION ICI, ÉCRIVEZ D'ABORD VOTRE CODE

Maintenant, vérifiez votre code par rapport au code correct ci-dessous :

couleurs = ["noir", "blanc", "or"]
téléphones = ["iPhone", "Samsung", "Google"]

pour X dans les couleurs :
    pour Y dans les téléphones :
    print (X, Y)

OUTPUT -
black iPhone
black Samsung
black Google

white iPhone

white Samsung

white Google

gold iPhone

gold Samsung

gold Google

Chapitre 3 : Analyse de données et Machine learning avec Python

En 2001, Gartner a défini les Big Data comme "des données qui contiennent une plus grande variété et qui arrivent dans des volumes croissants et à une vitesse de plus en plus élevée". Cette définition a conduit à la formulation des " three V". Les Big data font référence à une avalanche de données structurées et non structurées qui affluent sans cesse et proviennent d'une variété de sources de données sans fin. Ces ensembles de données sont trop volumineux pour être analysés à l'aide des outils et technologies analytiques traditionnels, mais ils recèlent une pléthore d'informations précieuses.

Les "V" du Big data

Volume - Pour être classé comme big data, le volume d'un ensemble de données donné doit être nettement supérieur à celui des ensembles de données traditionnels. Ces ensembles de données sont principalement composés de données non structurées et d'un nombre limité de données structurées et semi-structurées. Les données non structurées ou les données dont la valeur est inconnue peuvent être collectées à partir de sources d'entrée telles que les pages web, l'historique des recherches, les applications mobiles et les plateformes de réseaux sociaux. La taille et la clientèle de l'entreprise sont généralement proportionnelles au volume des données acquises par l'entreprise.

Vélocité - La vitesse à laquelle les données peuvent être collectées et exploitées est le premier élément de la vélocité des big data. Les entreprises utilisent de plus en plus une combinaison de serveurs sur site et dans le nuage pour augmenter la vitesse de collecte des données. Les "produits et appareils intelligents" modernes nécessitent un accès en temps réel aux données des consommateurs, afin de pouvoir leur offrir une expérience utilisateur plus attrayante et améliorée.

Variété - Traditionnellement, un ensemble de données contenait une majorité de données structurées et un faible volume de données non structurées et semi-structurées, mais l'avènement du big data a donné naissance à de nouveaux types de données non structurées telles que la vidéo, le texte, l'audio, qui nécessitent des outils et des technologies sophistiqués pour nettoyer et traiter ces types de données afin d'en extraire des informations significatives.

Véracité - La véracité est un autre "V" qui doit être pris en compte dans l'analyse des big data. Il s'agit de la "fiabilité ou de la qualité" des données. Par exemple, les plateformes de réseaux sociaux comme Facebook et Twitter, avec des blogs et des messages contenant des hashtags, des acronymes et toutes sortes d'erreurs de frappe, peuvent réduire considérablement la fiabilité et l'exactitude des ensembles de données.

Value - Les données sont devenues une monnaie à part entière, dotée d'une valeur intrinsèque. À l'instar des monnaies traditionnelles, la valeur finale des big data est directement proportionnelle à l'information qu'elles permettent de recueillir.

Histoire du Big Data

L'origine des grands volumes de données remonte aux années 1960 et 1970, lorsque la troisième révolution industrielle commençait à peine à se mettre en place et que le développement des bases de données relationnelles avait débuté, parallèlement à la construction de centres de données. Mais le concept de big data a récemment pris le devant de la scène, principalement depuis la disponibilité de moteurs de recherche gratuits tels que Google et Yahoo, de services de divertissement en ligne gratuits tels que YouTube et de plateformes de réseaux sociaux telles que Facebook. En 2005, les entreprises ont commencé à reconnaître l'incroyable quantité de données d'utilisateurs générées par ces plateformes et services, et la même année, un cadre open-source appelé "Hadoop" a été développé pour rassembler et analyser ces grandes quantités de données disponibles pour les entreprises. Au cours de la même période, les bases de données non relationnelles ou distribuées, appelées "NoSQL", ont commencé à gagner en popularité en raison de leur capacité à stocker et à extraire des données non structurées. "Hadoop" a permis aux entreprises de travailler avec des données volumineuses avec une grande facilité et à un coût relativement faible.

Aujourd'hui, avec l'essor des technologies de pointe, ce ne sont plus seulement les humains mais aussi les machines qui génèrent des données. Les technologies des appareils intelligents comme l' "Internet des objets" (IoT) et l' "Internet des systèmes" (IoS) ont fait grimper en flèche le volume des données volumineuses. Nos objets ménagers quotidiens et nos appareils intelligents sont connectés à l'internet et capables de suivre et d'enregistrer nos habitudes d'utilisation ainsi que nos interactions avec ces produits, et d'introduire toutes ces données directement dans le big data. L'avènement de la technologie de machine learning a encore accru le volume de données générées quotidiennement. On estime que d'ici 2020, "1,7 Mo de données seront générées par seconde et par personne". Alors que le big data continue à se développer, sa facilité d'utilisation a encore de nombreux horizons à franchir.

Importance du big data

Pour obtenir des informations fiables et sûres à partir d'un ensemble de données, il est très important de disposer d'un ensemble de données complet, ce qui a été rendu possible grâce à l'utilisation de la technologie big data. Plus il y a de données, plus il est possible d'en extraire des informations et des détails. Pour obtenir une vue à 360° d'un problème et de ses solutions sous-jacentes, l'avenir du big data est très prometteur. Voici quelques exemples d'utilisation du big data:

Développement de produits - Les petites et grandes entreprises de commerce électronique s'appuient de plus en plus sur le big data pour comprendre les demandes et les attentes des clients. Les entreprises peuvent développer des modèles prédictifs pour lancer de nouveaux produits et services en utilisant les caractéristiques primaires de leurs produits et services passés et existants et en générant un modèle décrivant la relation entre ces caractéristiques et la réussite commerciale de ces produits et services. Par exemple, Procter & Gamble, l'une des principales entreprises de fabrication rapide de biens commerciaux, utilise largement les données recueillies sur les sites web des réseaux sociaux, les marchés tests et les groupes de discussion pour préparer le lancement de ses nouveaux produits.

Maintenance prédictive - Afin d'anticiper les défaillances mécaniques et matérielles potentielles, un grand nombre de données non structurées telles que les messages d'erreur, les entrées de journal et la température normale de la machine doivent être analysées en même temps que les données structurées disponibles telles que la marque et le modèle de l'équipement et l'année de fabrication. En analysant cet ensemble de données à l'aide des outils analytiques requis, les entreprises peuvent prolonger la durée de vie de leurs équipements en préparant à l'avance la maintenance programmée et en prédisant les occurrences futures de défaillances mécaniques potentielles.

Expérience client - Le client intelligent est conscient de toutes les avancées technologiques et n'est fidèle qu'à l'expérience utilisateur la plus attrayante et la plus améliorée qui soit. Cela a déclenché une course entre les entreprises pour fournir des expériences uniques aux clients en analysant les données recueillies à partir des interactions des clients avec les produits et services de l'entreprise. Des recommandations et des offres personnalisées permettent de réduire le taux d'attrition des clients et de transformer efficacement les prospects en clients payants.

Fraude et conformité - Le big data aide à identifier les modèles de données et à évaluer les tendances historiques des transactions frauduleuses précédentes afin de détecter et de prévenir efficacement les transactions potentiellement frauduleuses. Les banques, les institutions financières et les services de paiement en ligne comme PayPal surveillent et recueillent en permanence les données relatives aux transactions des clients afin de prévenir la fraude.

Efficacité opérationnelle - Grâce à l'analyse prédictive du big data, les entreprises peuvent apprendre et anticiper la demande future et les tendances des produits en analysant la capacité de production, les commentaires des clients et les données relatives aux articles les plus vendus et aux produits qui en résultent, afin d'améliorer la prise de décision et de produire des produits conformes aux tendances actuelles du marché.

Machine learning - Pour qu'une machine soit capable d'apprendre et de s'entraîner seule, elle doit disposer d'un grand nombre de données, c'est-à-dire de données volumineuses (big data). Un ensemble conséquent de formation contenant des données structurées, semi-structurées et non structurées aidera la machine à développer une vision multidimensionnelle du monde réel et du problème qu'elle est censée résoudre. (Des détails sur machine learning seront fournis plus loin dans ce livre).

Favoriser l'innovation - En étudiant et en comprenant les relations entre les êtres humains et leurs appareils électroniques, ainsi que les fabricants de ces appareils, les entreprises peuvent développer des produits améliorés et innovants en examinant les tendances actuelles des produits et en répondant aux attentes des clients.

"L'importance du big data ne tient pas à la quantité de données que vous possédez, mais à ce que vous en faites. Vous pouvez prendre des données de n'importe quelle source et les analyser pour trouver des réponses qui permettent 1) des réductions de coûts, 2) des réductions de temps, 3) le développement de nouveaux produits et des offres optimisées, et 4) une prise de décision intelligente."
- SAS

Le fonctionnement du big data
Trois actions importantes sont nécessaires pour obtenir des informations à partir des big data :

Intégration - Les méthodes traditionnelles d'intégration des données telles que l'ETL (Extract, Transform, Load) sont incapables de rassembler des données provenant d'une grande variété de sources et d'applications, sans rapport les unes avec les autres, ce qui est au cœur des big data. Des outils et des technologies avancés sont nécessaires pour analyser les ensembles de données qui sont exponentiellement plus grands que les ensembles de données traditionnels. En intégrant les big data provenant de ces sources disparates, les entreprises sont en mesure d'analyser et d'extraire des informations précieuses pour développer et maintenir leurs activités.

Gestion - La gestion des big data peut être définie comme "l'organisation, l'administration et la gouvernance de grands volumes de données structurées et non structurées". Les données volumineuses nécessitent un stockage efficace et peu coûteux, qui peut être réalisé à l'aide de serveurs sur site, dans le cloud, ou une combinaison des deux. Les entreprises sont en mesure d'accéder de manière transparente aux données requises, où qu'elles se trouvent dans le monde, puis de les traiter à l'aide des moteurs de traitement nécessaires, en fonction des besoins. L'objectif est de s'assurer que la qualité des données est élevée et que les outils et applications nécessaires peuvent y accéder facilement. Les big data proviennent de toutes sortes de sources Dale, y compris les plateformes de réseaux sociaux, l'historique des moteurs de recherche et les journaux d'appels. Les big data contiennent généralement de vastes ensembles de données non structurées et semi-structurées, qui sont stockées dans une variété de formats. Pour pouvoir traiter et stocker ces données complexes, les entreprises ont besoin de logiciels de gestion de données plus puissants et plus avancés que les bases de données traditionnelles et les plateformes d'entrepôt de données.

De nouvelles plateformes sont disponibles sur le marché, capables de combiner les big data avec les systèmes traditionnels d'entreposage de données dans une "architecture logique d'entreposage de données". Dans le cadre de cet effort, les entreprises doivent prendre des décisions sur les données qui doivent être sécurisées à des fins réglementaires et de conformité, sur les données qui doivent être conservées à des fins d'analyse future et sur les données qui n'ont pas d'utilité future et qui peuvent être éliminées. Ce processus est appelé "classification des données" et permet une analyse rapide et efficace d'un sous-ensemble de données à inclure dans le processus décisionnel immédiat de l'entreprise.

Analyse - Une fois les données collectées et facilement accessibles, elles peuvent être analysées à l'aide d'outils et de technologies analytiques avancés. Cette analyse fournira des informations précieuses et exploitables. Les big data peuvent être explorées pour faire de nouvelles découvertes et développer des modèles de données à l'aide d'algorithmes d'intelligence artificielle et machine learning.

Big Data Analytics - Les termes "big data" et "big data analytics" sont souvent utilisés de manière interchangeable, étant donné que le but inhérent des big data est d'être analysées. "L'analyse des big data peut être définie comme un ensemble de méthodes qualitatives et quantitatives qui peuvent être employées pour examiner de grandes quantités de données non structurées, structurées et semi-structurées afin de découvrir des schémas de données et de précieuses informations cachées. L'analyse des big data permet de collecter des métriques, des indicateurs clés de performance et des tendances de données qui peuvent être facilement perdues dans le flot de données brutes, achetées en utilisant des algorithmes machine learning et des techniques d'analyse automatisées. Les différentes étapes de l'analyse des big data sont les suivantes :

Recueillir les exigences en matière de données - Il est important de comprendre quelles informations ou données doivent être recueillies pour atteindre les objectifs et les buts de l'entreprise. L'organisation des données est également très importante pour effectuer une analyse efficace et précise. Parmi les catégories dans lesquelles les données peuvent être organisées, citons le sexe, l'âge, les données démographiques, la localisation, l'appartenance ethnique et le revenu. Il faut également décider des types de données (qualitatives et quantitatives) et des valeurs de données (numériques ou alphanumériques) à utiliser pour l'analyse.

Collecte des données - Les données brutes peuvent être collectées à partir de sources disparates telles que les plateformes de réseaux sociaux, les ordinateurs, les caméras, d'autres applications logicielles, les sites web de l'entreprise et même des fournisseurs de données tiers. L'analyse des big data nécessite par nature de grands volumes de données, dont la majorité n'est pas structurée, avec une quantité limitée de données structurées et semi-structurées.

Organisation et catégorisation des données - En fonction de l'infrastructure de l'entreprise, l'organisation des données peut se faire sur une simple feuille de calcul Excel ou à l'aide d'outils et d'applications de gestion capables de traiter des données statistiques. Les données doivent être organisées et catégorisées en fonction des besoins en données recueillis lors de la première étape du processus d'analyse des big data.

Nettoyage des données - Pour effectuer l'analyse big data de manière suffisante et rapide, il est très important de s'assurer que l'ensemble des données est exempt de toute redondance et de toute erreur. Seul un ensemble de données complet répondant aux exigences des données doit passer à l'étape finale de l'analyse. Le prétraitement des données est nécessaire pour s'assurer que seules des données de haute qualité sont analysées et que les ressources de l'entreprise sont utilisées à bon escient.

Les "Big Data" sont des informations de grand volume et de grande vitesse et/ou de grande variété qui exigent des formes rentables et innovantes de traitement de l'information permettant d'améliorer la compréhension, la prise de décision et l'automatisation des processus.

- Gartner

Analyse des données - En fonction de l'information que l'on souhaite obtenir à l'issue de l'analyse, il est possible d'adopter l'un des quatre types d'approche analytique des big data suivants :

Analyse prédictive - Ce type d'analyse est effectué pour générer des prévisions et des prédictions pour les plans futurs de l'entreprise. La réalisation d'une analyse prédictive sur les big data de l'entreprise permet de prédire plus précisément l'état futur de l'entreprise et de le déduire de l'état actuel de l'entreprise. Les dirigeants d'entreprise s'intéressent vivement à cette analyse pour s'assurer que les opérations quotidiennes de l'entreprise sont conformes à la vision future de l'entreprise. Par exemple, pour déployer des outils et des applications analytiques avancés dans la division des ventes d'une entreprise, la première étape consiste à analyser la principale source de données. Une fois l'analyse de la source de croyance terminée, le type et le nombre de canaux de communication de l'équipe de vente doivent être analysés. Cette étape est suivie par l'utilisation d'algorithmes machine learning sur les données des clients afin de mieux comprendre comment la base de clients existante interagit avec les produits ou les services de l'entreprise. Cette analyse prédictive se terminera par le déploiement d'outils basés sur l'intelligence artificielle pour faire grimper en flèche les ventes de l'entreprise.

Analyse prescriptive - Analyse effectuée en se concentrant principalement sur les règles et les recommandations de l'entreprise afin de générer un chemin analytique sélectif tel que prescrit par les normes de l'industrie pour stimuler la performance de l'entreprise. L'objectif de cette analyse est de comprendre les subtilités des différents départements de l'organisation et les mesures qui doivent être prises par l'entreprise pour être en mesure d'obtenir des informations à partir de ses données clients en utilisant le chemin analytique prescrit. Cela permet à l'entreprise d'adopter la spécificité du domaine et la concision en se concentrant sur son processus d'analyse des big data existant et futur.

Analyse descriptive - Toutes les données reçues et stockées par l'entreprise peuvent être analysées pour produire des descriptions perspicaces sur la base des résultats obtenus. L'objectif de cette analyse est d'identifier les modèles de données et les tendances actuelles du marché qui peuvent être adoptés par l'entreprise pour développer ses activités. Par exemple, les sociétés de cartes de crédit exigent souvent des résultats d'évaluation des risques pour tous les clients potentiels afin de pouvoir faire des prévisions sur la probabilité que le client n'effectue pas ses paiements et de décider si le client doit être approuvé pour le crédit ou non. Cette évaluation du risque est principalement basée sur les antécédents de crédit du client, mais elle prend également en compte d'autres facteurs d'influence, notamment les remarques d'autres institutions financières auxquelles le client s'est adressé pour obtenir un crédit, les revenus du client et ses performances financières, ainsi que son empreinte numérique et son profil sur les réseaux sociaux.

Analyse diagnostique - Comme son nom l'indique, ce type d'analyse vise à diagnostiquer ou à comprendre pourquoi un certain événement s'est produit et comment cet événement peut être évité à l'avenir ou reproduit si nécessaire. Par exemple, les stratégies et les campagnes de marketing en ligne utilisent souvent les plateformes de réseaux sociaux pour obtenir de la publicité et accroître leur notoriété. Toutes les campagnes ne rencontrent pas le succès escompté ; il est donc tout aussi important, voire plus, de tirer des enseignements des campagnes qui ont échoué. Les entreprises peuvent effectuer une analyse diagnostique de leur campagne en collectant des données relatives aux mentions de la campagne sur les réseaux sociaux, au nombre de pages consultées, au temps moyen passé sur la page de la campagne par un individu, au nombre de fans et de suiveurs de la campagne sur les réseaux sociaux, aux critiques en ligne et à d'autres paramètres connexes afin de comprendre les raisons de l'échec de la campagne et la manière dont les futures campagnes peuvent être rendues plus efficaces.

L'analyse des big data peut être réalisée à l'aide d'un ou de plusieurs des outils énumérés ci-dessous :

- Hadoop - Cadre de données open source.
- Python - Langage de programmation largement utilisé pour machine learning.
- SAS - Outil analytique avancé utilisé principalement pour l'analyse des données volumineuses (big data).

- Tableau - Outil basé sur l'intelligence artificielle utilisé principalement pour la visualisation de données.
- SQL - Langage de programmation utilisé pour extraire des données de bases de données relationnelles.
- Splunk - Outil analytique utilisé pour catégoriser les données générées par les machines.
- R-programming - Langage de programmation utilisé principalement pour le calcul statistique.

Machine learning

Machine learning peut être défini comme une filiale de la technologie de l'intelligence artificielle fondée sur l'hypothèse que les machines sont capables d'apprendre à partir de données en identifiant des modèles et en prenant des décisions avec peu ou pas d'assistance humaine. La science de machine learning est née d'une théorie selon laquelle les ordinateurs ont le potentiel d'apprendre par eux-mêmes des tâches spécifiques sans avoir besoin d'être programmés, en utilisant une technique de reconnaissance des formes. Au fur et à mesure que les machines sont exposées à de nouvelles données, leur capacité à s'adapter de manière indépendante constitue l'aspect itératif de machine learning. Elles peuvent apprendre et s'entraîner à partir de calculs antérieurs pour générer des décisions et des résultats crédibles et reproductibles. Les algorithmes machine learning sont utilisés depuis bien plus longtemps qu'on ne le pense, mais leur capacité accrue à analyser les "big data" en appliquant automatiquement des calculs mathématiques très complexes et sophistiqués, de manière rapide et répétée, a été développée récemment.

Aujourd'hui, le sujet de machine learning est tellement "chaud" que le monde universitaire, le monde des affaires et la communauté scientifique ont leur propre définition. Voici quelques-unes des définitions les plus largement acceptées, provenant de sources réputées :

- *"Machine learning est la science qui permet aux ordinateurs d'agir sans être explicitement programmés.* - Université de Stanford
- *"Le domaine de machine learning cherche à répondre à la question suivante : comment pouvons-nous construire des systèmes informatiques qui s'améliorent automatiquement avec l'expérience, et quelles sont les lois fondamentales qui régissent*

tous les processus d'apprentissage ? - Université Carnegie Mellon
- *"Les algorithmes machine learning peuvent déterminer comment effectuer des tâches importantes en généralisant à partir d'exemples.* - Université de Washington
- *"Machine learning, dans sa forme la plus élémentaire, est la pratique consistant à utiliser des algorithmes pour analyser des données, en tirer des enseignements, puis faire une détermination ou une prédiction à propos de quelque chose dans le monde."* - Nvidia
- *"Machine learning est basé sur des algorithmes capables d'apprendre à partir de données sans s'appuyer sur une programmation basée sur des règles."* - McKinsey.

Machine learning permet une analyse de grands volumes de données et fournit des résultats plus rapides et plus précis. Avec une formation adéquate, cette technologie peut permettre aux organisations d'identifier les opportunités rentables et les risques commerciaux. Machine learning, combiné aux technologies cognitives et à l'intelligence artificielle, tend à être encore plus efficace et précis dans le traitement de quantités massives de données. Les algorithmes machine learning peuvent être classés en quatre catégories :

Algorithmes machine learning supervisé - Ces algorithmes sont capables d'appliquer les leçons tirées des essais précédents à de nouveaux ensembles de données en utilisant des exemples étiquetés afin de prédire avec succès les événements futurs. Par exemple, une machine peut être programmée avec des points de données étiquetés "F" (failed) ou "S" (success). L'algorithme d'apprentissage recevra des entrées avec des OUTPUTs correctes correspondantes et effectuera une comparaison de sa propre OUTPUT réelle avec la OUTPUT attendue ou correcte, dans le but d'identifier les erreurs qui peuvent être corrigées pour rendre le modèle plus efficace et plus précis. Avec un entraînement suffisant, les algorithmes sont capables de fournir des "cibles" pour toute nouvelle entrée de données grâce à des méthodes telles que la régression, la classification, la prédiction et le renforcement des ingrédients. L'analyse commence à partir d'un ensemble de données d'apprentissage connues, et l'algorithme machine learning produit alors une "fonction déduite" pour faire des prédictions futures concernant les valeurs de OUTPUT. Par exemple, un système basé sur un algorithme d'apprentissage supervisé est suffisamment intelligent pour anticiper et détecter la probabilité que des transactions frauduleuses par carte de crédit soient traitées.

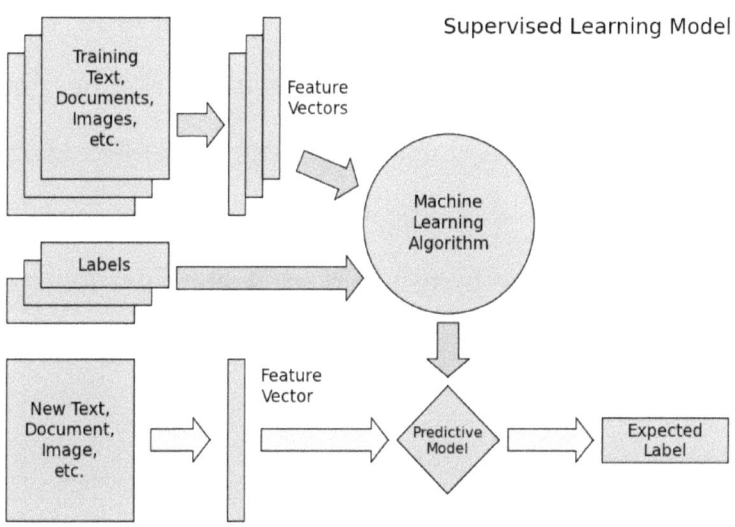

Algorithmes machine learning non supervisés - Ces algorithmes sont utilisés en l'absence de sources de données d'apprentissage classées et étiquetées. Selon SAS, "les algorithmes d'apprentissage non supervisé sont utilisés pour étudier les façons dont le système peut déduire une fonction pour décrire une structure cachée à partir de données non étiquetées, c'est-à-dire pour explorer les données et identifier une certaine structure à l'intérieur". Comme les algorithmes d'apprentissage supervisé, ces algorithmes sont capables d'explorer les données et de tirer des conclusions à partir d'ensembles de données, mais ils ne peuvent pas déterminer la bonne OUTPUT. Par exemple, l'identification d'individus ayant des attributs d'achat similaires, qui peuvent être segmentés ensemble et ciblés avec des campagnes de marketing similaires. Ces algorithmes sont largement utilisés pour identifier les données aberrantes, fournir des recommandations de produits et segmenter des sujets de texte à l'aide de techniques telles que la " singular value decomposition ", les " self-organizing maps " et le " k-means clustering".

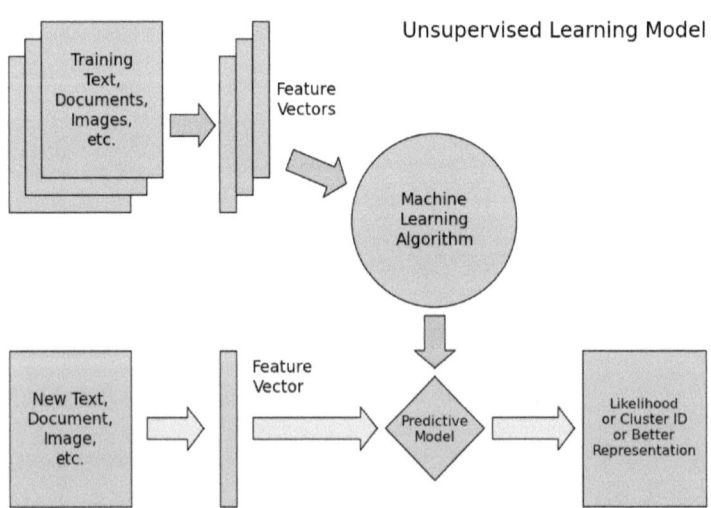

Algorithmes machine learning semi-supervisés - Comme leur nom l'indique, ces algorithmes se situent à mi-chemin entre l'apprentissage supervisé et non supervisé et sont capables d'utiliser des données étiquetées et non étiquetées comme sources d'apprentissage. Un ensemble de formation typique comprend une majorité de données non étiquetées et un volume limité de données étiquetées. Les systèmes utilisant des algorithmes d'apprentissage semi-supervisé avec des méthodes telles que la prédiction, la régression et la classification sont capables d'améliorer de manière significative leur précision d'apprentissage. Dans les situations où les données étiquetées acquises nécessitent des ressources pertinentes et qualifiées pour que la machine puisse s'entraîner ou apprendre à partir de ces données, les algorithmes d'apprentissage semi-supervisé sont les mieux adaptés. Par exemple, l'identification de visages individuels sur une caméra web.

Algorithmes machine learning par renforcement - Ces algorithmes sont capables d'interagir avec leur environnement en produisant des actions et en découvrant des erreurs ou des récompenses. Les principales caractéristiques de l'apprentissage par renforcement sont la méthode de recherche par essais et erreurs et la récompense différée. Grâce à l'utilisation de ces algorithmes, une machine peut maximiser ses performances en déterminant automatiquement le comportement idéal dans un contexte spécifique. Le signal de renforcement est simplement un retour de récompense dont la machine ou les agents logiciels ont besoin pour apprendre quelles actions produisent les résultats les plus rapides et les plus précis. Ces algorithmes sont fréquemment utilisés dans les domaines de la robotique, des jeux et de la navigation.

Concepts de base de machine learning

Le plus grand intérêt de machine learning est la capacité du système à apprendre automatiquement des programmes à partir des données au lieu de construire manuellement le programme pour la machine. Au cours de la dernière décennie, l'utilisation des algorithmes machine learning s'est étendue de l'informatique au monde industriel. Les algorithmes machine learning sont capables de généraliser des tâches pour les exécuter de manière itérative. Le processus de développement de programmes spécifiques pour des tâches spécifiques coûte beaucoup de temps et d'argent, mais il est parfois tout simplement impossible à réaliser. En revanche, la programmation de machine learning est souvent réalisable et tend à être beaucoup plus rentable. L'utilisation de machine learning pour s'attaquer à des questions ambitieuses d'importance générale, telles que le réchauffement climatique et l'épuisement des nappes phréatiques, est prometteuse grâce à la collecte massive de données pertinentes.

"Une percée dans le domaine de machine learning vaudrait dix Microsoft".

- Bill Gates

Il existe aujourd'hui un certain nombre de types machine learning, mais le concept machine learning se résume en grande partie à trois composantes : "représentation", "évaluation" et "optimisation". Voici quelques-uns des concepts standard qui s'appliquent à tous ces types d'apprentissage :

Représentation

Les modèles machine learning sont incapables d'entendre, de voir ou de détecter directement les exemples d'entrée. Une représentation des données est donc nécessaire pour fournir au modèle un point de vue utile sur les principales qualités des données. Pour pouvoir former avec succès un modèle machine learning, il est très important de sélectionner les caractéristiques clés qui représentent le mieux les données. La "représentation" consiste simplement à "représenter" les points de données à l'ordinateur dans un langage qu'il comprend à l'aide d'un ensemble de classificateurs. Un classificateur peut être défini comme "un système qui entre un vecteur de valeurs de caractéristiques discrètes ou continues et produit une seule valeur discrète appelée classe". Pour qu'un modèle puisse apprendre à partir des données représentées, l'ensemble des données d'apprentissage ou l'"espace d'hypothèses" doit contenir le classificateur souhaité sur lequel les modèles doivent être formés. Tout classificateur extérieur à l'espace d'hypothèses ne peut être appris par le modèle.

Les caractéristiques des données utilisées pour représenter l'entrée sont très importantes pour le processus machine learning. Les caractéristiques des données sont si importantes pour le développement du modèle machine learning souhaité qu'elles peuvent facilement faire la différence entre les projets machine learning réussis et ceux qui échouent. Un ensemble de données d'apprentissage contenant plusieurs caractéristiques indépendantes bien corrélées avec la classe peut rendre machine learning beaucoup plus fluide. En revanche, une classe contenant des caractéristiques complexes peut ne pas être facile à apprendre pour la machine. Dans ce cas, il est souvent nécessaire de traiter les données brutes afin d'en extraire les caractéristiques souhaitées et de les exploiter pour le modèle machine learning. Le processus de dérivation des caractéristiques à partir des données brutes est généralement la partie la plus longue et la plus laborieuse du projet de ML. Elle est également considérée comme la partie la plus créative et la plus intéressante du projet, où l'intuition et les essais et erreurs jouent un rôle tout aussi important que les exigences techniques.

Le processus de ML n'est pas un processus unique consistant à développer un ensemble de données d'entraînement et à l'exécuter. Il s'agit plutôt d'un processus itératif qui nécessite l'analyse des résultats après exécution, suivie de la modification de l'ensemble de données d'entraînement, puis de la répétition de l'ensemble du processus. La spécificité du domaine est une autre raison qui explique le temps et les efforts considérables nécessaires à l'élaboration de l'ensemble de données de formation. L'ensemble de données d'entraînement pour une plateforme de commerce électronique afin de générer des prédictions basées sur l'analyse du comportement des consommateurs sera très différent de l'ensemble de données d'entraînement nécessaire au développement d'une voiture auto-conduite. Toutefois, le processus machine learning proprement dit reste largement le même dans tous les domaines industriels. Il n'est donc pas étonnant que de nombreuses recherches soient menées pour automatiser le processus d'ingénierie des caractéristiques.

L'évaluation

L'évaluation est essentiellement le processus qui consiste à juger plusieurs hypothèses ou modèles pour en choisir un plutôt qu'un autre. Pour pouvoir différencier les classificateurs utiles des classificateurs vagues, une "fonction d'évaluation" est nécessaire. La fonction d'évaluation est également appelée fonction "objective", "d'utilité" ou "de notation". L'algorithme machine learning possède sa propre fonction d'évaluation interne qui tend à être différente de la fonction d'évaluation externe utilisée par les chercheurs pour optimiser le classificateur.

En général, la fonction d'évaluation est définie avant la sélection de l'outil de représentation des données, qui constitue la première étape du projet. Par exemple, le modèle machine learning pour la voiture auto-conduite a pour fonction d'évaluation l'identification des piétons à proximité avec un taux de False négatifs proche de zéro et un taux de False positifs faible, ainsi que la condition préexistante qui doit être "représentée" à l'aide des caractéristiques de données applicables.

Optimisation

Le processus de recherche dans l'espace des modèles présentés pour obtenir de meilleures évaluations ou le classificateur le plus performant est appelé "optimisation". Pour les algorithmes comportant plus d'un classificateur optimal, la sélection des techniques d'optimisation est très importante pour déterminer le classificateur produit et obtenir un modèle d'apprentissage plus efficace. Une variété optimisateur prêts à l'emploi est disponible sur le marché pour lancer de nouveaux modèles machine learning avant de les remplacer par des optimisateur conçus sur mesure.

Table 1. The three components of learning algorithms.

Representation	Evaluation	Optimization
Instances	Accuracy/Error rate	Combinatorial optimization
K-nearest neighbor	Precision and recall	Greedy search
Support vector machines	Squared error	Beam search
Hyperplanes	Likelihood	Branch-and-bound
Naive Bayes	Posterior probability	Continuous optimization
Logistic regression	Information gain	Unconstrained
Decision trees	K-L divergence	Gradient descent
Sets of rules	Cost/Utility	Conjugate gradient
Propositional rules	Margin	Quasi-Newton methods
Logic programs		Constrained
Neural networks		Linear programming
Graphical models		Quadratic programming
Bayesian networks		
Conditional random fields		

Machine learning en pratique

Le processus complet machine learning est bien plus vaste que le simple développement et l'application d'algorithmes machine learning et peut être divisé en plusieurs étapes :

1. Définir les objectifs du projet en tenant compte de toutes les connaissances préalables et de l'expertise disponible dans le domaine. Les objectifs peuvent facilement devenir ambigus, car il y a toujours plus de choses que l'on veut réaliser qu'il n'est possible d'en mettre en œuvre dans la pratique.

2. Le prétraitement et le nettoyage des données doivent permettre d'obtenir un ensemble de données de haute

qualité. Il s'agit de l'étape la plus critique et la plus longue de tout le projet. Plus le volume de données est important, plus l'ensemble de données de formation est parasité, ce qui doit être éliminé avant d'alimenter le système d'apprentissage.

3. Sélection du modèle d'apprentissage approprié pour répondre aux exigences de votre projet. Ce processus tend à être assez simple, étant donné la variété des types de modèles de données disponibles sur le marché.

4. Selon le domaine auquel le modèle machine learning est appliqué, les résultats peuvent ou non nécessiter une compréhension claire du modèle par des experts humains, tant que le modèle peut fournir les résultats souhaités.

5. L'étape finale consiste à consolider et à déployer les connaissances ou les informations recueillies à partir du modèle afin de les utiliser au niveau industriel.

6. Le cycle complet des étapes 1 à 5 ci-dessus est répété de manière itérative jusqu'à l'obtention d'un résultat utilisable dans la pratique.

Bibliothèques machine learning

Les bibliothèques machine learning sont des routines et des fonctions sensibles écrites dans n'importe quel langage. Les développeurs de logiciels ont besoin d'un ensemble robuste de bibliothèques pour effectuer des tâches complexes sans avoir à réécrire plusieurs lignes de code. Machine learning repose en grande partie sur l'optimisation mathématique, les probabilités et les statistiques.

Python est le langage de prédilection dans le domaine de machine learning en raison de son temps de développement et de sa flexibilité. Il est bien adapté au développement de modèles sophistiqués et de moteurs de production qui peuvent être directement intégrés dans les systèmes de production. L'un de ses plus grands atouts est son vaste ensemble de bibliothèques qui peuvent aider les chercheurs moins bien équipés en connaissances de développement à exécuter facilement machine learning.

"Scikit-Learn est devenu la référence en matière machine learning en Python, offrant une grande variété d'algorithmes machine learning "supervisés" et "non supervisés". Il est considéré comme l'une des bibliothèques machine learning les plus conviviales et les plus propres à ce jour. Par exemple, les arbres de décision, le clustering, les régressions linéaires et logistiques, et les K-means. Scikit-learn utilise deux bibliothèques Python de base : NumPy et SciPy et ajoute un ensemble d'algorithmes pour les tâches d'exploration de données, y compris la classification, la régression et le regroupement. Il est également capable de mettre en œuvre des tâches telles que la sélection des caractéristiques, la transformation des données et les méthodes d'ensemble en seulement quelques lignes.

En 2007, David Cournapeau a développé le code fondamental de "Scikit-Learn" dans le cadre d'un projet "Summer of code" pour "Google". Depuis son lancement en 2007, Scikit-Learn est devenue l'une des bibliothèques machine learning à code source ouvert les plus célèbres de Python. Mais ce n'est qu'en 2010 que Scikit-Learn a été mis à la disposition du public. Scikit-Learn est un outil d'exploration et d'analyse de données open-source et sous licence BSD, utilisé pour développer des algorithmes machine learning supervisés et non supervisés en Python. Scikit-learn propose divers algorithmes machine learning tels que la "classification", la "régression", la "réduction de la dimension" et le "regroupement". Il propose également des modules pour l'extraction des caractéristiques, le traitement des données et l'évaluation des modèles.

Conçu comme une extension de la bibliothèque "SciPy", Scikit-Learn est basé sur "NumPy" et "matplotlib", les bibliothèques Python les plus populaires. NumPy étend Python pour prendre en charge des opérations efficaces sur les grands tableaux et les matrices multidimensionnelles. Matplotlib offre des outils de visualisation et les modules de calcul scientifique sont fournis par SciPy. Pour les études universitaires, Scikit-Learn est populaire parce qu'il possède une API bien documentée, facile à utiliser et flexible. Les développeurs peuvent utiliser Scikit-Learn pour leurs expériences avec divers algorithmes en ne modifiant que quelques lignes du code. Scikit-Learn fournit également une variété d'ensembles de données d'entraînement, ce qui permet aux développeurs de se concentrer sur les algorithmes plutôt que sur la collecte et le nettoyage des données. De nombreux algorithmes de Scikit-Learn sont rapides et adaptables à tous les ensembles de données, à l'exception de ceux qui sont très volumineux. Scikit-learn est réputé pour sa fiabilité, et des tests automatiques sont disponibles pour une grande partie de la bibliothèque. Scikit-Learn est extrêmement populaire auprès des débutants en Machine learning pour commencer à mettre en œuvre des algorithmes simples.

Conditions préalables à l'utilisation de la bibliothèque Scikit-Learn

La bibliothèque Scikit-Learn est basée sur SciPy (Scientific Python), qui doit être installé avant d'utiliser SciKit-Learn. Cette pile comprend les éléments suivants :

NumPy (ensemble de tableaux n-dimensionnels de base)

"NumPy" est le paquetage de base de Python pour effectuer des calculs scientifiques. Il comprend, entre autres, les éléments suivants "un puissant objet tableau à N dimensions, des fonctions sophistiquées (de diffusion), des outils d'intégration des codes C/C++ et Fortran, des fonctions utiles d'algèbre linéaire, de transformation de Fourier et de nombres aléatoires. NumPy est largement considéré comme un conteneur multidimensionnel efficace de données génériques, en plus de ses utilisations scientifiques apparentes. Il est possible de définir des types de données arbitraires. Cela permet à NumPy de s'intégrer à une grande variété de bases de données de manière transparente et rapide. L'objectif premier de NumPy est l'homogénéité des tableaux multidimensionnels. Il se compose d'un tableau d'éléments (généralement des nombres), qui sont tous du même type et sont indiqués par des tuples d'entiers non-négatifs. Les dimensions de NumPy sont appelées "axes" et la classe de tableau est appelée "ndarray".

Matplotlib (tracé complet en 2D/3D)

"Matplotlib" est une bibliothèque de génération de graphiques bidimensionnels à partir de Python qui produit des nombres de haute qualité dans toute une série de formats papier et d'environnements interactifs. Le "script Python", le "Python", les "shells IPython", le "Jupyter notebook", les serveurs d'applications web et certains outils d'interface utilisateur peuvent être utilisés avec Matplotlib. Matplotlib tente de simplifier davantage les tâches faciles et de rendre les tâches difficiles réalisables. Avec seulement quelques lignes de code, vous pouvez produire des pistes, des histogrammes, des diagrammes de dispersion, des graphiques à barres, des graphiques d'erreur, etc.

Une interface similaire à MATLAB est fournie pour faciliter le traçage du module Pyplot, en particulier lorsqu'il est couplé à IPython. En tant qu'utilisateur expérimenté, vous pouvez régler l'ensemble des styles de lignes, des propriétés des polices et des propriétés des axes par le biais d'une interface orientée objet ou d'un ensemble de fonctionnalités similaires à celles fournies aux utilisateurs de MATLAB.

SciPy (bibliothèque fondamentale pour le calcul scientifique)
SciPy est une "collection d'algorithmes mathématiques et de fonctions de commodité construits sur l'extension NumPy de Python", capable d'ajouter plus d'impact aux sessions interactives Python en offrant à l'utilisateur des commandes et des cours de haut niveau pour la manipulation et la visualisation des données. Une session interactive Python avec SciPy devient un environnement qui rivalise avec les technologies de traitement des données et de prototypage de systèmes, notamment "MATLAB, IDL, Octave, R-Lab et SciLab".

Un autre avantage du développement de "SciPy" sur Python est l'accessibilité d'un langage de programmation puissant pour le développement de programmes avancés et d'applications spécifiques. Les applications scientifiques utilisant SciPy bénéficient de l'aide de développeurs du monde entier, qui mettent au point des modules supplémentaires dans d'innombrables niches du paysage logiciel. Tout ce qui a été produit a été rendu accessible au programmeur Python, des sous-programmes et classes de base de données à la "programmation parallèle pour le web". Ces outils puissants sont fournis avec les bibliothèques mathématiques "SciPy".

IPython (console interactive améliorée)
"IPython (Interactive Python) est une interface ou un shell de commande pour l'informatique interactive utilisant une variété de langages de programmation. "IPython a été initialement créé exclusivement pour Python, qui prend en charge l'introspection, les médias riches, la syntaxe de l'interpréteur de commandes, l'achèvement des tabulations et l'historique. Parmi les fonctionnalités offertes par IPython, on peut citer "shells interactifs (terminaux et basés sur Qt) ; interface de bloc-notes basée sur un

navigateur avec code, texte, mathématiques, tracés en ligne et autres supports média ; support pour la visualisation interactive de données et l'utilisation de kits d'outils GUI ; interpréteurs flexibles qui peuvent être intégrés pour être chargés dans vos propres projets ; outils pour l'informatique parallèle".

SymPy (mathématiques symboliques)

Développé par Ondřej Čertík et Aaron Meurer, SymPy est "une bibliothèque Python open-source pour le calcul symbolique". Elle offre des capacités de calcul algébrique à d'autres applications, en tant qu'application autonome et/ou en tant que bibliothèque, ainsi que des applications en direct sur Internet avec "SymPy Live" ou "SymPy Gamma". "SymPy est facile à installer et à tester, car il est entièrement développé en Python et comporte peu de dépendances. SymPy implique des caractéristiques allant du calcul, de l'algèbre, des mathématiques discrètes et de la physique quantique à l'arithmétique symbolique fondamentale. Le résultat des calculs peut être formaté sous forme de code "LaTeX". Associée à une base de code simple et extensible dans un langage de programmation très répandu, la facilité d'accès offerte par SymPy en fait un système de calcul formel dont la barrière d'entrée est relativement faible.

Pandas (Structures de données et analyse)

Pandas fournit des structures de données de haut niveau très intuitives et conviviales. Pandas a gagné en popularité dans la communauté des développeurs d'algorithmes machine learning, grâce à ses techniques intégrées d'agrégation, de regroupement et de filtrage des données, ainsi qu'aux résultats de l'analyse des séries temporelles. La bibliothèque Pandas comporte deux structures principales : les "séries" unidimensionnelles et les "cadres de données" bidimensionnels.

Seaborn (visualisation de données)

Seaborn est dérivé de la bibliothèque Matplotlib, une bibliothèque de visualisation extrêmement populaire. Il s'agit d'une bibliothèque de haut niveau qui permet de générer des types de graphiques spécifiques, notamment des cartes thermiques, des séries chronologiques et des diagrammes en forme de violon.

Installation de Scikit-Learn

La dernière version de Scikit-Learn est disponible sur "Scikit-Learn.org" et nécessite "Python (version >= 3.5) ; NumPy (version >= 1.11.0) ; SciPy (version >= 0.17.0) ; joblib (version >= 0.11)". Les capacités ou fonctions de traçage de Scikit-learn commencent par "plot_" et nécessitent "Matplotlib (version >= 1.5.1)". Certains exemples de Scikit-Learn peuvent nécessiter des applications supplémentaires : "Scikit-Image (version >= 0.12.3), Pandas (version >= 0.18.0)".

Avec l'installation préalable de "NumPy" et "SciPy", la meilleure méthode pour installer Scikit-Learn est d'utiliser "pip : pip install -U scikit-learn" ou "conda : conda install scikit-learn".

Il faut s'assurer que les "roues binaires" sont utilisées lors de l'utilisation de pip et que "NumPy" et "SciPy" n'ont pas été recompilés à partir des sources, ce qui peut se produire lors de l'utilisation de paramètres spécifiques du système d'exploitation et du matériel (par exemple, "Linux on a Raspberry Pi"). Le développement de "NumPy" et "SciPy" à partir des sources a tendance à être compliqué (en particulier sous Windows). Par conséquent, ils doivent être configurés avec soin, en veillant à ce que l'exécution optimisée des routines d'algèbre linéaire soit possible.

Application de machine learning à l'aide de Bibliothèque Scikit-Learn

Pour comprendre comment la bibliothèque Scikit-Learn est utilisée dans le développement d'un algorithme machine learning, utilisons l'ensemble de données "Sales_Win_Loss" du référentiel Watson d'IBM, qui contient des données obtenues à partir de la campagne de vente d'un fournisseur de pièces automobiles en gros. Nous allons construire un modèle machine learning pour prédire quelle campagne de vente sera gagnante et quelle campagne sera perdante.

L'ensemble des données peut être importé à l'aide de Pandas et exploré en utilisant des techniques Pandas telles que "head(), tail(), et dtypes()". Les techniques de traçage de "Seaborn" seront utilisées pour visualiser les données. Pour traiter les données, Scikit-Learn utilisera "preprocessing.LabelEncoder()" et "train_test_split()" pour diviser l'ensemble de données en un sous-ensemble d'entraînement et un sous-ensemble de test.

Pour générer des prédictions à partir de notre ensemble de données, trois algorithmes différents seront utilisés, à savoir la "classification à vecteur de support linéaire et le classificateur K-voisins les plus proches". Pour comparer les performances de ces algorithmes, la technique "accuracy_score" de la bibliothèque Scikit-Learn sera utilisée. Le score de performance des modèles peut être visualisé à l'aide de Scikit-Learn et de la visualisation "Yellowbrick".

Importation de l'ensemble des données

Pour importer l'ensemble de données "Sales_Win_Loss du référentiel Watson d'IBM", la première étape consiste à importer le module "Pandas" à l'aide de la commande "*import pandas as pd*".

Ensuite, nous utilisons une variable url comme *"https://community.watsonanalytics.com/wp content/uploads/2015/04/WA_Fn-UseC_-Sales-Win-Loss.csv"* pour stocker l'URL à partir de laquelle l'ensemble de données sera téléchargé.

La technique *"read_csv() as sales_data = pd.read_csv(url)"* sera utilisée pour lire le fichier "csv ou valeurs séparées par des virgules" ci-dessus, qui est fourni par le module Pandas. Le fichier csv sera ensuite converti en un cadre de données Pandas, avec le résultat dans la variable "*sales_data*", où le cadre sera stocké.

Pour les nouveaux utilisateurs de Pandas, la technique *"pd.read csv()"* dans le code mentionné ci-dessus génère une structure de données tabulaires appelée "cadre de données", où un index pour chaque ligne est contenu dans la première colonne, et l'étiquette / le nom pour chaque colonne dans la première ligne sont les noms de colonne initiaux acquis à partir de l'ensemble de données. Dans l'extrait de code ci-dessus, la variable *"données de vente"* produit un tableau représenté dans l'image ci-dessous.

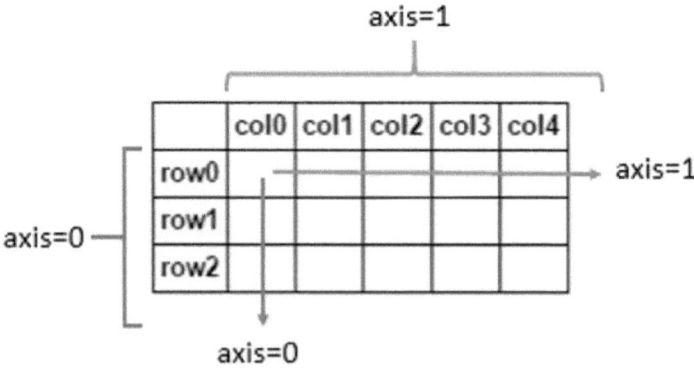

Dans le diagramme ci-dessus, "row0, row1, row2" représente l'index des enregistrements individuels, et "col0, col1, col2" représente les noms des colonnes individuelles ou des caractéristiques de l'ensemble de données.

Avec cette étape, vous avez réussi à stocker une copie de l'ensemble de données et à le transformer en un cadre "Pandas"!

Maintenant, en utilisant la technique *"head() as Sales_data.head()"*, les enregistrements du cadre de données peuvent être affichés comme indiqué ci-dessous pour donner une idée des informations contenues dans l'ensemble de données.

	opportunity number	supplies subgroup	supplies group	region	route to market	elapsed days in sales stage	opportunity result
0	1641984	Exterior Accessories	Car Accessories	Northwest	Fields Sales	76	Won
1	1658010	Exterior Accessories	Car Accessories	Pacific	Reseller	63	Loss
2	1674737	Motorcycle Parts	Performance & Non-auto	Pacific	Reseller	24	Won
3	1675224	Shelters & RV	Performance & Non-auto	Midwest	Reseller	16	Loss

Exploration des données

Maintenant que nous disposons de notre propre copie de l'ensemble de données, qui a été transformé en un cadre de données "Pandas", nous pouvons rapidement explorer les données pour comprendre quelles informations peuvent être recueillies à partir d'elles et, en conséquence, planifier un plan d'action.

Dans tout projet de ML, l'exploration des données tend à être une phase très critique. Même une exploration rapide d'un ensemble de données peut nous fournir des informations significatives qui pourraient facilement passer inaperçues autrement, et ces informations peuvent proposer des questions importantes auxquelles nous pouvons ensuite tenter de répondre dans le cadre de notre projet.

Certaines bibliothèques Python tierces seront utilisées ici pour nous aider à traiter les données afin que nous puissions les utiliser efficacement avec les puissants algorithmes de Scikit-Learn. La même technique *"head()"* que nous avons utilisée pour voir quelques enregistrements initiaux de l'ensemble de données importées dans la section précédente peut être utilisée ici. En fait, *"(head)"* est capable de faire bien plus que d'afficher des enregistrements de données et de personnaliser la technique "head()" pour n'afficher qu'une sélection d'enregistrements avec des commandes telles que *"sales_data.head(n=2)"*. Cette commande affichera sélectivement les deux premiers enregistrements de l'ensemble de données. D'un coup d'œil rapide, il est évident que les colonnes telles que "Supplies Group" et "Region" contiennent des données de type String, tandis que les colonnes telles que "Opportunity Result", "Opportunity Number", etc. sont composées de valeurs entières. On peut également constater qu'il existe des identifiants uniques pour chaque enregistrement dans la colonne 'Numéro d'opportunité'.

De même, pour afficher les enregistrements sélectionnés à partir du bas du tableau, la fonction *"tail() as sales_data.tail()"* peut être utilisée.

Pour afficher les différents types de données disponibles dans l'ensemble de données, la technique Pandas *"dtypes() as sales_data.dtypes"* peut être utilisée. Grâce à ces informations, les colonnes de données disponibles dans le cadre de données peuvent être répertoriées avec leurs types de données respectifs.

Nous pouvons découvrir, par exemple, que la colonne "Sous-groupe de fournitures" est un type de données "objet" et que la colonne "Size du client par number d'affaires" est un type de données "entier". Nous comprenons donc les colonnes qui contiennent soit des valeurs entières, soit des données de type String.

Visualisation des données

À ce stade, nous en avons terminé avec les étapes de base de l'exploration des données, et nous ne tenterons donc pas de construire des graphiques attrayants pour représenter visuellement les informations et découvrir d'autres récits cachés dans notre ensemble de données.

Parmi toutes les bibliothèques Python disponibles offrant des fonctions de visualisation de données, "Seaborn" est l'une des meilleures options disponibles, c'est pourquoi nous l'utiliserons. Assurez-vous que le module python plots fourni par "Seaborn" a été installé sur votre système et qu'il est prêt à être utilisé. Suivez maintenant les étapes ci-dessous pour générer le graphique souhaité pour l'ensemble des données :

Étape 1 - Importer le module "Seaborn" avec la commande *"import seaborn as sns"*.

Étape 2 - Importer le module "Matplotlib" avec la commande *"import matplotlib.pyplot as plt"*.

Étape 3 - Pour définir la "couleur de fond" du graphique comme étant blanche, utilisez la commande *"sns.set(style="whitegrid", color_codes=True)"*.

Étape 4 - Pour définir la "taille de la parcelle" pour toutes les parcelles, utilisez la commande *"sns.set(rc={'figure.figsize' :(11.7,8.27)})"*.

Étape 5 - Pour générer un "countplot", utilisez la commande *"sns.countplot('Route To Market',data=sales_data,hue = 'Opportunity Result')"*.

Étape 6 - Pour supprimer les marges supérieures et inférieures, utilisez la commande *"sns.despine(offset=10, trim=True)"*.

Étape 7 - Pour afficher le tracé, utilisez la commande *"plotplt.show()"*.

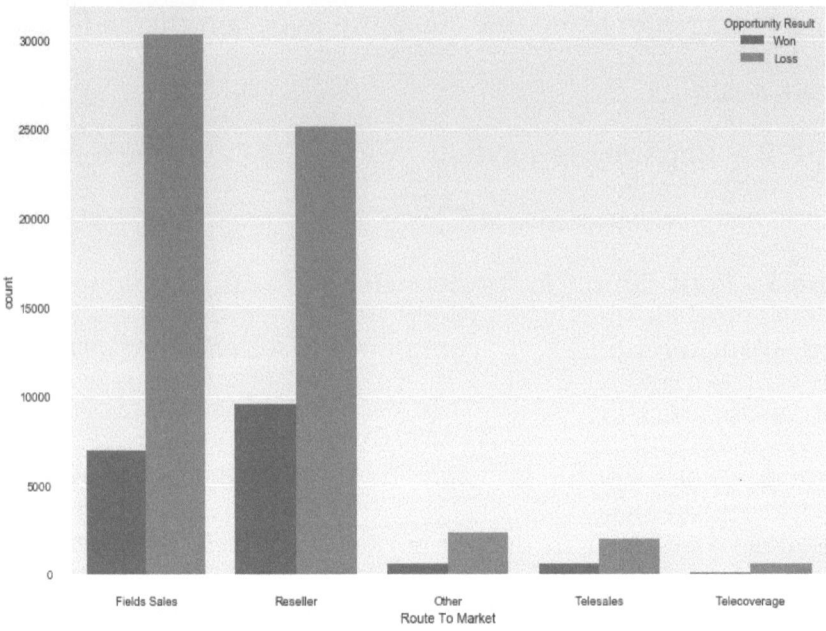

Récapitulation rapide - Les modules "Seaborn" et "Matplotlib" ont été importés en premier. Ensuite, la technique *"set()"* a été utilisée pour définir les caractéristiques distinctes de notre graphique, telles que le style et la couleur du graphique. Le fond du graphique a été défini comme étant blanc à l'aide de l'extrait de code *"sns.set(style= "whitegrid," color codes= True)."* Ensuite, la taille du graphique a été définie à l'aide de la commande *"sns.set(rc={'figure.figsize' :(11.7,8.27)})"* qui définit la taille du graphique comme étant "11.7px et 8.27px".

Ensuite, la commande *"sns.countplot('Route To Market',data= sales data, hue='Opportunity Result')"* a été utilisée pour générer le graphique. La technique "countplot()" permet de créer un graphique de comptage, qui peut exposer plusieurs arguments pour personnaliser le graphique de comptage en fonction de nos besoins. Dans le cadre du premier argument de *"countplot()"*, l'axe X a été défini comme la colonne "Route To Market" de l'ensemble de données. L'argument suivant concerne la source de l'ensemble de données, qui serait le cadre de données "sales_data" que nous avons importé plus tôt. Le troisième argument est la couleur des graphiques à barres qui a été définie comme "bleu" pour la colonne intitulée "won" et "vert" pour la colonne intitulée "loss".

Prétraitement des données

Vous devriez maintenant avoir une idée claire des informations disponibles dans l'ensemble de données. L'étape d'exploration des données nous a permis d'établir que la majorité des colonnes de notre ensemble de données sont des "données de type String", mais "Scikit-Learn" ne peut traiter que des données numériques. Heureusement, la bibliothèque Scikit-Learn nous offre de nombreux moyens de convertir les données de type String en données numériques, par exemple la technique *"LabelEncoder()"*. Pour transformer les étiquettes catégorielles de l'ensemble de données, telles que "won" et "loss", en valeurs numériques, nous utiliserons la technique *"LabelEncoder()"*.

Examinons les images ci-dessous pour voir ce que nous essayons d'accomplir avec la technique *"LabelEncoder()"*. La première image contient une colonne intitulée "couleur" avec trois enregistrements, à savoir "rouge", "vert" et "bleu". En utilisant la technique *"LabelEncoder()"*, les enregistrements de la même colonne "couleur" peuvent être convertis en valeurs numériques, comme le montre la deuxième image.

	Color		Color
0	Red	0	1
1	Green	1	2
2	Blue	2	3

Commençons maintenant le véritable processus de conversion. En utilisant la technique *"fit transform()"* donnée par *"LabelEncoder()"*, les étiquettes de la colonne catégorielle comme "Route To Market" peuvent être encodées et converties en étiquettes numériques comparables à celles montrées dans les diagrammes ci-dessus. La fonction *"fit transform()"* nécessite des étiquettes d'entrée identifiées par l'utilisateur et, par conséquent, aboutira à des étiquettes codées.

Pour savoir comment l'encodage est réalisé, examinons rapidement un exemple. L'instance de code ci-dessous constitue une String de données sous la forme d'une liste de villes telles que ["paris", "paris", "tokyo", "amsterdam"] qui sera encodée en quelque chose de comparable à "[2, 2, 1,3]".

Étape 1 - Pour importer le module requis, utilisez la commande *"from sklearn import preprocessing"*.

Étape 2 - Pour créer l'objet Codeur d'étiquettes, utilisez la commande *"le = preprocessing.LabelEncoder()"*.

Étape 3 - Pour convertir les colonnes catégorielles en valeurs numériques, utilisez la commande :

"encoded_value = le.fit_transform(["paris", "paris", "tokyo", "amsterdam"])"

"print(value_encodée) [1 1 2 0]"

Et voilà ! Nous venons de convertir nos étiquettes de données en valeurs numériques. La première étape a consisté à importer le module de prétraitement qui propose la technique *"LabelEncoder()"*. Ensuite, nous avons développé un objet représentant le type *"LabelEncoder()"*. *Ensuite*, la fonction *"fit_transform()"* de l'objet a été utilisée pour distinguer les classes distinctes de la liste ["paris," "paris," "tokyo," "amsterdam"] et produire les valeurs encodées de "[1 1 20]".

Avez-vous observé que la technique *"LabelEncoder()"* attribuait les valeurs numériques aux classes par ordre alphabétique selon la lettre initiale des classes, par exemple "a)msterdam" a reçu le code "0", "p)aris" a reçu le code "1" et "t)okyo" a reçu le code "2".

Création de sous-ensembles de formation et de test
Pour connaître les interactions entre des caractéristiques distinctes et la manière dont ces caractéristiques influencent la variable cible, un algorithme de ML doit être entraîné sur un ensemble d'informations. Pour ce faire, nous devons diviser l'ensemble des données en deux sous-ensembles. L'un des sous-ensembles servira d'ensemble de données d'entraînement, qui sera utilisé pour

entraîner notre algorithme à construire des modèles machine learning. L'autre sous-ensemble servira d'ensemble de données de test, qui sera utilisé pour tester la précision des prédictions générées par le modèle machine learning.

La première phase de cette étape consiste à séparer les variables caractéristiques et les variables cibles en suivant les étapes ci-dessous :

Étape 1 - Pour sélectionner des données en excluant les colonnes sélectionnées, utilisez la commande *"select columns other than 'Opportunity Number', 'Opportunity Result'cols = [col for col in sales_data.columns if col not in ['Opportunity Number', 'Opportunity Result']]"*.

Etape 2 - Pour supprimer ces colonnes, utilisez la commande *"supprimer les colonnes 'Numéro d'opportunité' et 'Résultat d'opportunité'"*.
data = sales_data[cols]".

Étape 3 - Pour affecter la colonne Résultat de l'opportunité en tant que "cible", utilisez la commande *"cible = sales_data['Résultat de l'opportunité']"*.

data.head(n=2)".

La colonne "Numéro d'opportunité" a été supprimée car elle sert simplement d'identifiant unique pour chaque enregistrement. La colonne "Résultat de l'opportunité" contient les prédictions que nous voulons générer, elle devient donc notre variable "cible" et peut être retirée de l'ensemble de données pour cette phase. La première ligne du code ci-dessus sélectionnera toutes les colonnes à l'exception de "Numéro d'opportunité" et "Résultat de l'opportunité" et assignera ces colonnes à une variable "cols". Ensuite, en utilisant les colonnes de la variable "cols", un nouveau cadre de données a été développé. Il s'agit de l'"ensemble de caractéristiques". Ensuite, la colonne "Résultat de l'opportunité" du cadre de données *"sales_data"* a été utilisée pour développer un nouveau cadre de données appelé "target".

La deuxième phase de cette étape consiste à séparer les cadres de données en sous-ensembles de formation et de test en suivant les étapes ci-dessous. En fonction de l'ensemble de données et des prédictions souhaitées, il convient de les diviser en sous-ensembles de formation et de test. Pour cet exercice, nous utiliserons 75 % des données comme sous-ensemble d'entraînement et les 25 % restants seront utilisés pour le sous-ensemble de test. Nous utiliserons la technique *"train_test_split()"* de "Scikit-Learn" pour séparer les données en suivant les étapes et le code ci-dessous :

Étape 1 - Pour importer le module requis, utilisez la commande *"from sklearn.model_selection import train_test_split"*.

Étape 2 - Pour séparer l'ensemble de données, utilisez la commande *"split data set into train and test setsdata_train, data_test, target_train, target_test = train_test_split (data,target, test_size = 0.30, random_state = 10)"*.

Dans le code ci-dessus, le module *"train_test_split"* a d'abord été importé, puis la technique *"train_test_split()" a été utilisée* pour générer un "sous-ensemble de formation *(data_train, target_train)"* et un "sous-ensemble de test *(data_test, data_train)"*. Le premier argument de la technique *"train_test_split()"* se rapporte aux caractéristiques qui ont été divisées à l'étape précédente ; l'argument suivant se rapporte à la cible ("Résultat de l'opportunité"). Le troisième argument "size du test" est la proportion des données que nous souhaitons diviser et utiliser comme sous-ensemble de test. Dans cet exemple, nous utilisons 30

%, mais cette proportion peut être quelconque. Le quatrième argument "état aléatoire" est utilisé pour s'assurer que les résultats peuvent être reproduits à chaque fois.

Construire le modèle machine learning
La "machine_learning_map" fournie par Scikit-Learn est largement utilisée pour choisir l'algorithme de ML le plus approprié pour l'ensemble de données. Pour cet exercice, nous utiliserons les algorithmes de classification "K-voisins les plus proches".

Classification des K-voisins les plus proches
L'algorithme "k-nearest neighbors (k-NN)" est une méthode non paramétrique utilisée pour la classification et la régression dans la reconnaissance des formes. Dans les cas de classification et de régression, "l'entrée est constituée des k exemples d'apprentissage les plus proches dans l'espace des caractéristiques. Le K-NN est une forme d'"apprentissage basé sur les instances" ou d'"apprentissage paresseux", dans lequel la fonction n'est estimée que localement et tous les calculs sont retardés jusqu'à la classification. La OUTPUT est déterminée par le fait que la

méthode de classification ou de régression est utilisée pour le K-NN :

- "Classification par k-voisins les plus proches - Le "résultat" est un membre de la classe. Un "objet" est classé par le vote à la pluralité de ses voisins, assignant l'objet à la classe la plus répandue parmi ses "k-voisins" les plus proches, où "k" désigne un petit nombre entier positif. Si k= 1, l'"objet" est simplement affecté à la classe du voisin le plus proche.
- "k-nearest neighbors regression" - Le résultat est la valeur de la propriété de l'objet, qui est calculée comme une moyenne des valeurs des k-voisins les plus proches.

Une méthode utile pour la classification et la régression peut consister à attribuer des poids aux contributions des voisins, afin de permettre aux voisins les plus proches de contribuer davantage à la moyenne, par rapport aux voisins les plus éloignés. Par exemple, un "schéma de pondération" connu consiste à attribuer à chaque voisin un poids de "*1/d*", où "d" représente la distance par rapport au voisin. Les voisins sont sélectionnés à partir d'un ensemble d'objets dont la "classe" (pour la "classification k-NN") ou la valeur des caractéristiques de l'"objet" (pour la "régression k-NN") est connue.

Voici les étapes et le code de cet algorithme pour construire notre prochain modèle ML :

Étape 1 - Pour importer les modules requis, utilisez les commandes *"from sklearn.neighbors import KNeighborsClassifier"* et *"from sklearn.metrics import accuracy_score"*.

Étape 2 - Pour créer l'objet du classificateur, utilisez la commande *"neigh = KNeighborsClassifier(n_neighbors=3)"*.

Étape 3 - Pour entraîner l'algorithme, utilisez la commande *"neigh.fit(data_train, target_train)"*.

Étape 4 - Pour générer des prédictions, utilisez la commande *"pred = neigh.predict(data_test)"*.

Étape 5 - Pour évaluer la précision, utilisez la commande *"print ('KNeighbors accuracy score :,' accuracy_score(target_test, pred))"*.

Avec le code ci-dessus, les modules nécessaires ont été importés dans la première étape. Nous avons ensuite développé l'objet *"neigh"* de type "KNeighborsClassifier" avec le volume de voisins "n_neighbors=3". Dans l'étape suivante, la technique "fit()" a été utilisée pour entraîner l'algorithme sur l'ensemble des données d'entraînement. Ensuite, le modèle a été testé sur l'ensemble de données de test à l'aide de la technique "predict()". Enfin, le score de précision a été obtenu, qui pourrait être *"KNeighbors accuracy score : 0.814550580998"*, par exemple.

Maintenant que nos algorithmes préférés ont été présentés, il est facile de sélectionner le modèle ayant le meilleur score de précision. Mais ne serait-il pas formidable d'avoir un moyen de comparer visuellement l'efficacité des différents modèles ? Dans Scikit-Learn, nous pouvons utiliser la "bibliothèque Yellowbrick", qui propose des techniques pour représenter visuellement les différentes techniques de notation.

Conseils et astuces Python pour les développeurs

Python a été mis en œuvre pour la première fois en 1989 et est considéré comme un langage de programmation très convivial et simple à apprendre pour les codeurs débutants et les amateurs. Il est considéré comme idéal pour les personnes qui s'intéressent depuis peu à la programmation ou au codage et qui ont besoin de comprendre les principes fondamentaux de la programmation. Cela s'explique par le fait que Python se lit presque de la même manière que la langue anglaise. Par conséquent, il faut moins de temps pour comprendre le fonctionnement du langage et l'on peut se concentrer sur l'apprentissage des bases de la programmation.

Python est un langage interprété qui prend en charge la gestion automatique de la mémoire et la programmation orientée objet. Ce langage de programmation extrêmement intuitif et flexible peut être utilisé pour des projets de codage tels que les algorithmes machine learning, les applications web, l'exploration et la visualisation de données, le développement de jeux.
Voici quelques-uns des conseils et astuces que vous pouvez utiliser pour améliorer vos compétences en programmation Python :

Permutation de deux nombres à l'intérieur d'un même lieu :

a, b = 101, 201

print (a, b)

a, b = b, a

print (a, b)"

Résultat =

101 201

201 101

Inverser une String :

a = "ordinateur"

print ("L'inverse est", a [::-1])

Résultat =

L'inverse est retupmoc.

Création d'une String unique à partir de plusieurs éléments de liste :

a = ["ceci", "est", "apprentissage", "avec", "passion"]

print (" ".join (a))

Résultat =

c'est apprendre avec passion

Empilement d'opérateurs de comparaison :

n = 101

résultat = 1 < n < 201

print (résultat)

résultat = 1 > n <= 91

print (résultat)

Résultat =

True

False

Imprime le chemin d'accès au fichier des modules importés :

import os ;

import socket ;

  print(os)

print (socket

Résultat =

"<module 'os' from '/usr/lib/python3.5/os.py'>".

<module 'socket' from '/usr/lib/python3.5/socket.py'>"

Utilisation des enums en Python :

classe MonName :

   Chic, For, Chic = gamme (3)

print (MonName.Chic)

print (MonName.Pour)

print (MonName.Chic)

Résultat =

2

1

2

Résultat dans les valeurs multiples des fonctions :

def x () :

   résultat dans 11, 21, 31, 41

a, b, c, d = x ()

print (a, b, c, d)

Résultat =

11 21 31 41

Identifier la valeur dont la fréquence est la plus élevée :

test = [11, 21, 31, 41, 21, 21, 31, 11, 41, 41, 41]

print (max(set(test), key = test.count))

Résultat =

41

Vérifier l'utilisation de la mémoire d'un objet :

import sys

x = 1

print (sys.getsizeof (x))

Résultat =

28

Impression d'une String de caractères N fois :

n = 2 ;

a = "ArtificialIntelligence" ;

print (a * n) ;

Résultat =

Intelligence artificielleIntelligence artificielleIntelligence artificielleIntelligence artificielle

Identifier les anagrammes :

from collections import Counter

def is_anagram (str1, str2) :

   result in Counter(str1) == Counter(str2)

print (is_anagram ('geek', 'eegk'))

 print (is_anagram ('geek', 'reek'))

Résultat =

True

False

Transposition d'une matrice :

mat = [[11, 21, 31], [41, 51, 61]]

*zip (*mat)*

Résultat =

[(11, 41), (21, 51), (31, 61)]

Imprime une String répétée sans utiliser de Loop :

*print "machine "*3+' '+"apprentissage "*4*

Résultat =

Apprentissage des machinesApprentissage des machinesApprentissage des machinesApprentissage des machines

Mesurer le temps d'exécution du code :

temps d'importation

startTime = time.time()

"écrire votre code ou vos appels de fonctions".

"écrire votre code ou vos appels de fonctions".

endTime = time.time ()

totalTime = endTime - startTime

print ('Le temps total nécessaire à l'exécution du code est=' , totalTime)

Résultat =

Durée totale

Obtenir la différence entre deux listes :

list1 = ['Brian', 'Pepper', 'Kyle', 'Leo', 'Sam']

list2 = ['Sam', 'Leo', 'Kyle']

set1 = set(list1)

set2 = set(list2)

list3 = list(set1.symmetric_difference(set2))

print(list3)

Résultat =

list3 = ['Brian', 'Pepper']

Calculer la mémoire utilisée par un objet en Python :

import sys

list1 = ['Brian', 'Pepper', 'Kyle', 'Leo', 'Sam']

print ("size de la liste = ", sys.getsizeof(list1))

name = 'pynative.com'

print ('size of name =', sys.getsizeof(name))

Résultat =

('size de la liste = ', 112)

('size du name = ', 49)

Suppression des doublons de la liste :

listNumbers = [20, 22, 24, 26, 28, 28, 20, 30, 24]

print ('Original=' , listNumbers)

listNumbers = list(set(listNumbers))

print ('Après suppression des doublons= ' , listNumbers)

Résultat =

Original= ', [20, 22, 24, 26, 28, 28, 20, 30, 24]

Après suppression du doublon= ', [20, 22, 24, 26, 28, 30]

Déterminer si une liste contient des éléments identiques :

listOne = [20, 20, 20, 20]

print ('Tous les éléments sont en double dans listOne', listOne.count(listOne[0]) == len(listOne))

listTwo = [20, 20, 20, 50]

print ('Tous les éléments sont en double dans listTwo', listTwo.count(listTwo[0]) == len(listTwo))

Résultat =

"'Tous les éléments sont en double dans listOne', True"

"'Tous les éléments sont dupliqués dans listTwo', False"

Comparer efficacement deux listes non ordonnées :

from collections import Counter

un = [33, 22, 11, 44, 55]

deux = [22, 11, 44, 55, 33]

print ('is two list are b equal', Counter(one) == Counter(two))

Résultat =

"'is two list are b equal', True"

Vérifier si la liste contient tous les éléments uniques :

def isUnique(item) :

tempSet = set ()

result in not any (i in tempSet or tempSet.add(i) for i in item)

listOne = [123, 345, 456, 23, 567]

print ('Tous les éléments de la liste sont uniques' , isUnique(listOne))

listTwo = [123, 345, 567, 23, 567]

print ('Tous les éléments de la liste sont uniques' , isUnique(listTwo))

Résultat =

"Tous les éléments de la liste sont uniques True"

"Tous les éléments de la liste sont uniques False"

Convertir un octet en String :

byteVar = b "pynative"

str = str (byteVar.decode ('utf-8'))

print ('Byte to string is', str)

Résultat =

"L'octet à la String est pynatif".

Fusionner deux dictionnaires en une seule expression :

currentEmployee = {1 : 'Scott', 2 : 'Eric', 3 : 'Kelly'}

formerEmployee = {2 : 'Eric', 4 : 'Emma'}

def merge_dicts(dictOne, dictTwo) :

dictThree = dictOne.copy()

dictThree.update(dictTwo)

résultat dans dictThree

print (merge_dicts (currentEmployee, formerEmployee))

Conclusion

Merci d'être arrivé jusqu'à la fin de *Apprendre Python : Un cours accéléré sur la programmation Python et comment commencer à l'utiliser pour coder. Apprenez les bases de machine learning et de l'analyse de données*, espérons qu'il a été instructif et qu'il vous a fourni tous les outils dont vous avez besoin pour atteindre vos objectifs, quels qu'ils soient.

L'étape suivante consiste à utiliser au mieux vos nouvelles connaissances de la programmation Python, de l'analyse de données et de machine learning, qui ont donné naissance à la "Silicon Valley". Les entreprises de tout le spectre industriel, tournées vers l'avenir, se transforment progressivement en entreprises technologiques sous la façade du modèle d'entreprise auquel elles étaient destinées. Ce livre est rempli d'exemples concrets qui vous aideront à comprendre le détail des concepts, ainsi que les noms et les descriptions de nombreux outils que vous pouvez explorer davantage et mettre en œuvre de manière sélective afin de faire des choix judicieux pour le développement d'un modèle machine learning souhaité. Maintenant que vous avez fini de lire ce livre et que vous maîtrisez l'utilisation de Scikit-Learn, vous êtes prêt à commencer à développer votre propre modèle machine learning en Python en utilisant toutes les sources ouvertes facilement disponibles et explicitement mentionnées dans ce livre à cette fin. Vous pouvez vous positionner pour utiliser vos connaissances approfondies et votre compréhension des technologies machine learning obtenues grâce à cet ouvrage pour contribuer à la croissance de n'importe quelle entreprise et décrocher un nouvel emploi bien rémunéré et gratifiant !

Enfin, si vous avez trouvé ce livre utile d'une manière ou d'une autre, un commentaire sur Amazon est toujours le bienvenue !